풀잎

풀잎
Leaves of Grass

월트 휘트먼 시집 허현숙 옮김

LEAVES OF GRASS
by WALT WHITMAN (1855)

일러두기

1. 번역 대본으로는 펭귄 출판사가 1959년에 출판한 『풀잎Leaves of Grass』 초판(1855)을, 편집에는 월트 휘트먼 아카이브The Walt Whitman Archive를 참고하였습니다. 시집 『풀잎』은 1852년에 처음 쓰인 뒤 1892년까지 40년에 가까운 기간 동안 계속 수정, 확대되어 다양한 판본을 낳았습니다(1855, 1856, 1860, 1867, 1871, 1876, 1881, 1882, 1891~1892년 판). 〈월트 휘트먼 아카이브〉에서는 이 판본들의 원본 이미지와 텍스트를 제공하고 있습니다(Whitmanarchive.org).
2. Robert Hass, *Song of Myself and Other Poems by Walt Whitman*(Berkeley: Counterpoint, 2010)에서 어휘 뜻을 참고하여 번역했습니다.
3. 초판에는 시의 제목과 번호가 붙어 있지 않습니다. 독자의 편의를 위해, 1871년판부터 〈임종판〉이라 불리는 1892년판까지 저자가 시에 붙인 제목과 번호를 가져와 붙였습니다.
4. 원저의 콜론(:)과 세미콜론(;) 등은 마침표와 쉼표로 대체하였으나, 원저의 말줄임표는 그대로 표기했습니다.
5. 각주는 모두 옮긴이가 단 것입니다. 꼭 필요한 경우에 한하여 어휘 뜻을 설명했습니다.

이 책은 실로 꿰매어 제본하는 정통적인 사철 방식으로 만들어졌습니다.
사철 방식으로 제본된 책은 오랫동안 보관해도 손상되지 않습니다.

서문

 미국은 과거를 거부하지 않으며, 과거가 그 형식이나 다른 정치, 계층에 대한 생각이나 오랜 종교 아래서 이룬 것들을 거부하지 않고…… 조용히 교훈을 받아들이고…… 필요조건들을 충족시켰던 삶이 새로운 형식의 삶으로 변해 가는 동안 여론과 관습과 문학은 여전히 수렁에 빠져 있다고 가정할 정도로 그리 조바심 내지 않으며…… 먹고 자는 방들로부터 시체는 느리게 운반되고…… 문 안에 있는 동안 조금 기다린다고…… 그것은 그날에 아주 적절했음을…… 그것의 활동은 가까이 다가오는 건장하고 잘생긴 후계자에게 계승되며…… 그가 그의 날에 가장 적합할 것임을 감지한다.
 때를 막론하고 지구 상의 모든 국민들 중에서 미국인들이 가장 완벽한 시적인 본성을 지닌다 할 것이다. 미합중국 그 자체가 본질적으로 가장 위대한 시다. 지구의 역사상 가장 크고 가장 떠들썩한 사람들이 풍부한 크기와 대기에 맞게 길들여져 질서 정연해 보인다. 이로 인해 결국 밤낮으로 사방에 퍼뜨리는 일로 응답하는 사람의 행동 속에는 무언가가 자리하게 된다. 국민들 중에서도 그저 국민이 아닌 다산(多産)의 국민이 있다. 거대한 대중들 속에서 웅장하게 움직이는 특정의 것들과 세부적인 것들에는 필연적으로 어두운, 대열로부터 떨어진 행동이 있다. 영원히 영웅들을 지목하는 환대가 있다…… 불량자, 수염, 공간, 야만스러움, 냉담 등 영혼이 사랑하는 것들이 있다. 그 작동은 군중과 집단의 거대한 용기로는 가까이하지 않는 사소한 것들을 혐오하고, 거침없이 자신의 관점을 밀어붙이고, 넓게 흐르며 그 다산의 찬란한 무절제를 쏟아 낸다. 우리는 그것이 정말이지 여름과 겨울의 풍요로움을 지녀야 하며, 결코 파산해서는 안 된다고 여긴다. 밭에서 옥수수가 자라고, 과수원에서 사과가 떨어지며, 만이 물고기들을 품고, 남자가 여자에게 아이를 잉태하게 할 때에.

다른 국가들은 그들의 대표자들로 자신들을 나타낸다……
그러나 미합중국의 천재는 행정이나 입법에서 최상이나 최고가 아니며, 대사들이나 작가들, 대학이나 교회, 연회, 심지어 신문이나 발명가 들에 대해서도 그러하다. 그러나 일반 국민들 안에서는 항상 최고다. 그들의 관습과 말, 옷, 우정이, 그들 인상의 신선함과 솔직함이, 그들 태도의 그림 같은 느슨함이…… 죽음도 불사하는 자유에 대한 집착, 무례하거나 나약하거나 저열한 것에 대한 혐오, 다른 모든 국가의 시민들에 의해 한 국가의 시민이 되는 것에 대한 실제적인 자각, 야기된 분노의 격렬함, 호기심과 경이로움에 대한 환대, 자기 존중과 놀라운 동정심, 사소한 것에 대한 민감성, 우월한 사람 앞에 섰을 때 어떤 느낌을 가져야 할지 결코 알지 못하는 사람에 대해 그들이 지니는 태도, 언변의 유창함, 음악에 대해 느끼는 기쁨, 인간애의 확실한 징후와 영혼의 태생적 우아함, 그들의 온화한 성격과 후덕한 인심, 선거의 끔찍한 결과 — 그들이 대통령에게 경의를 표하는 것이 아니라 대통령이 그들에게 모자를 벗어 경의를 표하는 것 — 이것들 또한 운율 없는 시다. 그것들은 그 가치에 걸맞은 거창하고 후한 대접을 기다린다.

시민 정신의 거대함과 관대함이 상호 교류하지 않으면 국민성의 거대함은 괴물과 같은 것이 된다. 자연이나 군집한 주(州), 길이나 증기선, 번창하는 사업이나 농장, 자본이나 학식도 인간의 이상을 충족시키지 못할 것이다…… 아니, 시인을 충족시키지 못할 것이다. 어떤 기억도 둘 다 만족시키지 못할 것이다. 살아 있는 국가는 언제든 깊은 상처를 낼 수 있고 최선의 권위를 가장 싼 값에 누릴 수 있다…… 다시 말해 그 자체의 영혼으로부터. 이것은 개인이나 국가, 당면한 행동과 웅장함, 시인의 주제들을 유용하게 사용한 총체적 결과다. 여러 세대 전 동부의 기록으로 거슬러 가야만 할 것 같다! 보여 줄 수 있는 것의 아름다움과 성스러움이 신화적인 것의 아름다움과 성스러움보다 뒤처지는 것만 같다! 인간은 어느 때나 자신의 흔적을 남기지 않는 것만 같다! 서부 대륙이 발견되어 개방된 일이며 남북 아메리카에서 발생했던 것이 오래된 소극장이나 중년의 나이로 목적 없이 잠결에 걸어다니는 것보다 보잘것없는 듯하다! 미합

중국의 자부심, 도시의 부유함과 안녕, 상업과 농업의 보수, 지리상의 모든 거대함, 혹은 외적 승리의 과시를 가능하게 하는 그 자부심이 있기에 한 무리의 성인(成人)들이든 한 사람의 성인이든 통제받지 않고 소박하게 번식을 즐길 수 있는 것이다.

미국은 인종 중의 인종이므로 미국 시인들은 옛것과 새것을 포괄해야 한다. 시인들 중에서도 국민 시인[1]은 국민들과 조응할 수 있다. 그에게 다른 대륙들은 세금처럼 다가온다…… 시인은 그들에게 그들과 자기 자신을 위한 환영연을 연다. 그의 정신은 나라의 정신에 응답한다…… 시인은 그 지리와 자연적인 삶과 강과 호수를 현현한다. 매해 홍수가 나고 변화하는 폭포가 있는 미시시피, 미주리와 컬럼비아와 오하이오, 폭포가 있는 세인트로렌스, 아름답고 남성적인 허드슨 강, 이들은 시인의 내면으로 쏟는[2] 것 이상으로 그들 자신을 소비하는 곳에서 자신을 쏟지 않는다. 버지니아와 메릴랜드 내륙의 바다 너머, 매사추세츠와 메인의 바다 너머, 맨해튼 만과 채플린과 이리 너머, 온타리오와 휴런, 미시간과 슈피리어 호 너머, 텍사스와 멕시코, 플로리다와 쿠바의 바다 너머, 캘리포니아와 오리건의 바다 너머 드넓은 푸른 바다는, 위아래의 너비가 시인에 의해 측정되는 것 이상으로 그 깊이의 푸른 너비에 의해 측정되지 않는다. 긴 대

---

1 bard. 고대 문학에서의 음유 시인을 의미하는 단어이나 여기서는 미국의 국민 시인을 의미한다.

2 embouchure. pour(쏟다)와 같은 뜻.

서양 해안이 더 길게, 태평양 해안이 더 길게 뻗을 때 그는 그들과 함께 남북으로 쉽사리 몸을 뻗는다. 그는 또한 동쪽에서 서쪽으로 뼘을 재고 그들 사이에 무엇이 있는지 살핀다. 소나무와 삼나무, 독미나리와 떡갈나무, 메뚜기와 밤나무, 편백과 히커리, 라임 나무와 목화 숲, 튤립과 선인장과 야생 덩굴, 타마린드와 감…… 이들의 성장을 보충하는 나무들이 그 위로 올곧게 성장한다…… 하나같이 등나무나 늪지대처럼 서로 얽혀서…… 그리고 투명한 얼음과 나뭇가지에 매달려 바람결에 부서지는 고드름으로 뒤덮인 숲…… 산의 옆구리와 꼭대기…… 대평원이나 고원 지대나 초원 지대에서 볼 수 있는 아름답고 자유로운 목축, 야생 비둘기와 그 부류들, 과수원 찌르레기와 물새, 검둥오리와 붉은어깨수리와 물수리와 흰따오기, 인디언 수탉, 올빼미, 물꿩과 해오라기, 파이 같은 흑부리오리, 찌르레기, 앵무새, 대머리수리, 콘도르, 붉은해오라기, 독수리 등의 날기와 노래와 날카로운 소리들과 응답. 유전적인 외양은 어머니와 아버지 둘 모두에게서 그에게 이어진다. 실제의 것들과 과거와 현재에 일어난 일들의 정수가 그에게 들어간다. 기온과 농업과 광산의 엄청난 다양성, 붉은 근원을 지닌 부족, 새로운 항구로 들어가거나 바위투성이의 해안가에 내리며 기후에 시달린 북부나 남부의 첫 정착자들, 빠른 성장과 근육, 76년의 도도한 도전, 전쟁과 평화와 헌법 제정의 정수들…… 한결같이 허튼소리를 지껄이는 것들로 둘러싸인, 한결같이 평온하고 견고한 연합, 끊임없이 들어오는 이민자들, 부두를 둘러싼 도시들과 우수한 선박, 조사되지 않은 내부, 통나무집들과 개간지, 야생 동물들과 사냥꾼들과 덫 놓는 사냥꾼들…… 자유로운 상업, 어업과 고래잡이와 금광 채굴, 새로운 주들의 끝없는 잉태, 매해 십이월에 열리는 의회, 날씨에 관계없이 모든 지역에서 때맞춰 오는 의원들, 젊은 기계공과 모든 자유 아메리카 노동자들의 고귀한 인물들…… 보편적인 열정과 친절함과 진취적 정신, 남성들과 함께하는 여성들의 완벽한 평등, 공장들과 상업 활동, 노동 축약의 기계들, 미국인 교환, 뉴욕의 소방관들과 목표 사격 대회, 남부의 농장 생활, 동북부와 북서부, 남서부의 성격, 노예와 그것을 보호하기 위한 경이로운 기량의 확산, 그리고 그것이 없어지는 것에 대한, 말하는 혀와 움직이는 입술이 그칠 때까지 결코 없어지지 않을 그것에 대한 반대, 이러한 것들에 대한 미국 시인의 표현은 탁월하고 새로워야 한다. 그 특성은 이들을 넘어 더 많은 것으로 나아간다. 세월과 다른 국가들의 전쟁이 노래로 불리고 그들의 시대와 인물들이 그림으로 그려지며 그 종말이 시가 되게 하자. 그러나 공화국의 위대한 찬송은 그리 되게 하지 말자. 그럴 때 주제는 창의적이며 전망을 지닌다. 이때 많은 사랑을 받은 석공들 사이에서 한 사람이 나와, 정확하고 과학적으로 계획을 세워, 어떤 단단한 형식도 없는 곳에서 미래의 견고하고 아름다운 형태를 본다.

  모든 나라들 중에서 시적 특성이 가득한 혈통을 지니고 있는 미국은 시인들을 가장 필요로 하며, 의심할 바 없이 가장 위대한 시인들을 갖게 될 것이고, 그들을 가장 위대하게 이용할 것이다. 그들의 대통령들은 그들 시인들만큼 평범한 신원 보증인이 되지 못할 것이다. 모든 인간들 중 위대한 시인이야말로 한결같은 인간이다. 그 안에 있지 않고 그로부터 떨어진 사물들은 괴상하거나 과도해지거나 온전치 않게 된다. 자기 자리에서 벗어난 것은 어느 것 하나 좋은 것이 없으며 자기 자리에 있는 것은 어느 것 하나 나쁜 것이 없다. 그는 모든 사물들이나 특성에 넘치지도 부족하지도 않은 적당한 비율을 부여한다. 그는 신성한 것의 중재자이며 열쇠다. 그는 그의 시대와 땅을 균일하게 하는 사람이며…… 공급이 부족한 것을 공급하고 검사가 필요한 것을 검사한다. 평화가 그에게서 나오는 판에 박힌 것이라 할지라도 크고 풍요로우며 견실한 평화의 영혼은 말한다, 거대하고도 밀도 높은 도시를 건설하며, 농업과 예술과 상업을 격려하며, 인간과 영혼, 불멸, 연방과 주, 시 정부, 결혼, 건강, 자유 무역, 육지와 바다를 통한 내륙 여행…… 너무 가까이 있지도 너무 멀리 있지도 않은…… 너무 멀리 떨어져 있지 않은 별들에 대한 연구에 불을 밝히면서. 전쟁에 있어 그는 가장 위협적인 힘이다. 그를 고용하는 사람은 보병과 기병을 고용한 것이다…… 그는 기술자가 알고 있는 것 중 가장 좋은 대포들을 가져온다. 만약 시절이 나태하고 무거우면 그는 그것을 어떻게 부추길지 안다…… 그는 자신이 말하는 모든 말들로 피가 끓게 할 수 있다. 관습이나 복종, 혹은 입법의 단조로움 속에서 썩어 가는 것이 그 무엇이든 그는 결코 썩지 않는다. 복종은 그를 제압하지 못하며, 그는 그것을 통제한다. 그는 닿을 수 없는 높이에서 집중된 빛을 발한다…… 그는 손가락으로 사병들을 돌린다…… 선 채로 손쉽게 그들을 압도하며, 그들을 에워싸면서, 잽싸게 도망치는 자들을 당혹스럽게 한다. 부정과 사탕발림과 야유로 산만해지는 때에 그는 확고한 믿음으로 억제한다…… 그는 자기 음식을 나눈다…… 그는 맛있고 단단한 섬유질의 고기를 주어 남자들과 여자들을 키운다. 그의 머리는 궁극의 머리다. 그는 논쟁자가 아니다…… 그는 판단이다. 그는 판사가 재판하듯 판단하지 않고 태양이 무기력한 것들 주변에 떨어지듯 판단한다. 가장 멀리 보므로 가장 풍성한 믿음을 받는다. 그의 생각은 사물들에 대한 칭송의 노래다. 영혼과 영원과 하느님에 대해 말할 때 그는 자신의 동등한 계획에 대해서는 침묵한다. 그는 영원을 서곡과 대단원이 있는 연극처럼 보지는 않는다. 그는 영원을 남자들과 여자들 안에서 본다…… 그는 남자들과 여자들을 꿈이나 점으로 보지 않는다. 믿음은 영혼의 소독제다…… 그것은 보통 사람들에게 퍼져 그들을 보호한다…… 그들은 믿는 것과 기대하는 것과 신임하는 것을 결코 포기하지 않는다. 가장 고귀하게 표현하는 천재의 힘을 꺾고 조롱하는 문맹의 사람들에게는 말로 표현할 수 없는 신선함과 무의식이 있다. 시인은 위대한 예술가가 아닌 사람이 어떻게 위대한 예술가만큼 성스럽고 완벽할 수 있는지를 분명하게 알고 있다…… 그는 파괴하고 다시 만드는 힘을 자유롭게 사용하지만, 공격하는 힘은 결코 사용하지 않는다. 지나간 것은 지나간 것이니. 우수한 모델을 제시하지 않고 자신이 취하는 모든 단계에서 스스로를 증명해 보이지 못하면, 그는 필요한 사람이 되지 못한다. 가장 위대한 시인은 그 존재로 압도한다. 회담이나 투쟁, 어떤 준비된 시도 없이…… 이제 그가 그 길을 통과했으니 그의 뒤를 보라! 어떤 절망이나 불운도, 속임수나 배제, 나약한 불명예나 채색, 지옥의 환멸, 지옥의 필요성 같은 것들도 전혀 남아 있지 않다. 그리고 이제 그 누구도 무지와 나약함과 죄로 인해 저평가되지 않을 것이다.

가장 위대한 시인이라 할지라도 하찮은 것과 소소한 것에 관해서는 거의 알지 못한다. 만약 그가 이전에 소소한 것으로 여겨졌던 것에 숨결을 불어넣는다면 그것은 웅장함과 우주의 생명으로 팽창할 것이다. 그는 예언가다…… 그는 개인이다…… 그는 그 자신으로 완벽하다…… 다른 사람들은 그와 다를 바 없지만 그만이 그것을 알고, 다른 이들은 알지 못한다. 그는 코러스 가운데 하나가 아니다…… 그는 어떤 법규로 인해 멈추지 않는다…… 그는 법규의 대통령이다. 눈이 다른 부분에 대해 하는 바를 그는 나머지 사람들에게 한다. 누가 시각의 놀라운 신비를 알겠는가? 다른 감각들은 각기 협력하지만 시각은 그 자체의 증거를 제외한 다른 모든 증거로부터 떨어져 있고, 정신 세계의 정체성에 앞선다. 단 한 번의 응시로 사람에 대한 모든 탐구와 지상의 모든 도구와 서적과 추론들을 조롱한다. 무엇이 경이로운가? 무엇이 일어날 수 없는 일인가? 무엇이 불가능하거나 근거 없거나 막연한 것인가? 복숭아 씨를 빼내고, 청중에게 먼 곳과 가까운 곳, 해 질 녘을 보여 주고, 모든 것들이 뒤섞이거나 밀어 젖혀지거나 방해받지 않고 전류처럼 재빠르고 부드럽고 적절하게 들어가게 한 후에 말이다.

육지와 바다, 동물들, 물고기들, 새들, 천국과 천체의 하늘, 숲과 산과 강 들은 사소한 주제들이 아니다…… 그러나 사람들은 시인이 말없는 실제 사물들에 한결같이 부여된 아름다움과 위엄 이상의 무언가를 표현하길 기대한다. 그들은 시인이 현실과 영혼 사이의 길을 가르쳐 주길 기대한다. 남자들과 여자들은 아름다움을 충분히…… 시인만큼이나 충분히 인식한다. 사냥꾼, 나무꾼, 일찍 일어나는 사람들, 정원과 과수원과 밭을 일구는 사람들의 열정적인 고집스러움, 남자다운 몸에 대한 건강한 여자들의 사랑, 선원들, 말을 이끄는 사람들, 빛과 열린 대기에 대한 열정, 이 모든 것은 야외에서 지내는 사람들 속에 아름다움과 시적인 것의 거소에 대한 변하지 않는 인식이 있음을 보여 주는 오래된 징표다. 그것들은 시인이 인식하게 도와줄 수 있는 것이 아니다…… 어떤 것은 그럴 수 있지만 대개는 결코 그럴 수 없다. 시적 특성은 운율이나 일관성으로도, 사물에 대한 추상화로도, 우울한 불평이나 훌륭한 교훈으로도 정리되지 않는다. 그것은 이것들과 다른 많은 것들의 생명이며 그 영혼 속에 존재한다. 운(韻)의 이점은 보다 달콤하고 보다 풍요로운 운의 씨앗을, 눈에 보이지 않는 땅에서 그 자신의 뿌리로 화하는 일관성의 씨앗을 떨어뜨린다는 점이다. 완벽한 시 작품의 운과 통일성은 운율 법칙의 자유로운 성장을 보여 주고, 그들로부터 마치 라일락이나 장미가 그 덤불에서 꽃피우는 것처럼 자유롭게, 실수 없이 꽃피우며, 밤과 오렌지, 멜론과 배의 모양처럼 단단한 모양을 취하여 형태에 미묘한 향기를 흩뿌린다. 가장 훌륭한 시나 음악, 웅변이나 암송의 유려함과 장식성은 독립적이지 않으며 의존적이다. 모든 아름다움은 아름다운 혈통과 아름다운 머리에서 나온다. 그 위대함이 남자 혹은 여자에 연결되어 있으면 충분하다…… 사실이라는 것은 우주에 널리 퍼지겠지만…… 백만 년 동안의 잘못[3]과 허식은 그렇지 않을 것이다. 장식이나 유창함에 대해 그를 괴롭히는 것은 사라진다. 이것은 당신이 하게 될 바다. 즉 지구와 태양과 동물을 사랑하고, 부자들을 경멸하며, 질문하는 모든 사람에게 시혜를 베풀며, 바보스럽고 미친 사람들을 위해 항의하며, 소득과 노동을 다른 사람들에게 바치고, 독재자들을 증오하고, 하느님에 대해 논쟁하지 않으며, 사람들에 대해 인내심과 즐거움을 갖고, 유명하든 유명하지 않든 어떤 것에도, 어떤 한 사람이든 여러 사람들이든 누구에게도 모자를 벗지 않으며, 강력하나 교육받지 못한 사람들과, 젊은이들과, 가족들의 어머니들과 자유롭게 다니고, 해마다, 계절마다 이 열린 대기에서 이 잎사귀들을 읽으며, 학교나 교회에서, 혹은 어떤 책에서 들은바 전부를 재차 시험하고, 당신 자신의 영혼을 욕되게 하는 것은 무엇이든 배척하라. 그러면 당신의 바로 그 몸이 위대한 한 편의 시가

---

3 gaggery. falseness(잘못)와 같은 뜻.

되어 언어에서뿐만 아니라 입술과 얼굴의 말없는 주름과 눈썹 사이에서, 당신 몸의 모든 움직임과 관절에서 가장 풍요로운 유려함을 누리리라…… 시인은 불필요한 작업으로 시간을 낭비하지 않을 것이다. 그는 땅이 늘 쟁기질과 거름으로 준비되어 있음을 알게 될 것이다…… 다른 사람들은 알지 못하겠지만 그는 알게 될 것이다. 그는 곧바로 창작으로 향하게 될 것이다. 그의 믿음은 그가 만지는 모든 것들의 신임을 얻을 것이며…… 그래서 모든 부속물들에 통달하게 될 것이다.

알려진바 우주는 완벽한 연인을 하나 갖는데, 그는 바로 가장 위대한 시인이다. 그는 영원한 열정을 소진하며 어떤 기회가 있든, 어떤 행운이나 불행의 우연이 가능하든 그것에 무심하며, 날마다, 시시각각 자신의 유쾌한 보상을 납득시킨다. 다른 사람들을 방해하거나 무너뜨리는 것은, 접촉과 호색의 만족스러움으로 향하는 그 자신의 연소 과정을 위한 연료다. 기쁨을 수용하는 다른 부분은 그가 차지하는 부분에 비하면 아무것도 아닌 것으로 축소된다. 그는 천국이나 가장 최상의 것으로부터 기대되는 모든 것을 새벽이나 겨울 숲의 풍경, 뛰노는 아이들의 모습을 보는 것, 남자나 여자의 목에 팔을 두르는 것과 같은 것으로 받아들인다. 그의 사랑은 어떤 사랑보다도 여유로움과 광활함을 지니고 있고…… 그는 자신 앞에 공간을 남겨 둔다. 그는 단호하거나 의심스러운 연인이 아니다…… 그는 확신 있고…… 도중의 휴식을 경멸한다. 그의 경험과 소나기와 흥분은 대가 없는 것이 아니다. 어떤 것도 그를 놀라게 할 수 없다…… 고통과 어둠도, 죽음과 두려움도. 불평과 질투와 부러움은 그에게는 땅에 묻혀 썩어 가는 시체와 같다. 그는 그것들이 묻혔다고 보았다. 바다가 해안을 확신하지 않듯, 해안이 바다를 확신하지 않듯 그는 사랑의 결실과 모든 완벽함과 아름다움에 대해 확신하지 않는다.

아름다움의 결실은 우연이나 실수로 맺어지는 것이 아니다…… 그것은 인생처럼 피할 수 없는 것으로…… 정확하고 중력처럼 곧다. 시각에서 다른 시각이 나오고 듣는 것에서 다른 듣기가 이루어지고, 목소리에서 사람과 사물들의 이상한 조화에 대해 영원히 호기심을 갖는 목소리가 나온다. 이것들에 대해 나머지를 대표하는 것으로 여겨지는 위원회의 완벽함이, 그와 똑같이 나머지인 그들 자신의 완벽함이 반응한다. 이들은 대중과 흐름 속의 완벽의 법칙을 이해하고…… 그 궁극이 그 자체에 대해서는 개별적이며 그 자체로부터 앞을 향해 나아간다는 것, 그리고 그것은 풍요롭고 공정하다는 것, 어둠이나 빛의 순간은 존재하지 않으며 그것 없이는 대지도 바다도 전혀 없으며 하늘의 방향도, 어떤 일도, 어떤 사건도 일어날 수 없다는 것 등을 이해한다. 이것이 아름다움을 적절하게 표현하는 것에는 정확성과 조화로움이 있어야 하는 이유이다…… 한 부분은 다른 부분 위로 밀어 넣어질 필요가 없다. 가장 훌륭한 가수는 가장 유연하고 강력한 기관을 지닌 사람이 아니다…… 시의 기쁨은 멋진 가락과 은유와 소리를 지닌 것들에 있지 않다.

가장 위대한 시인은, 애쓰지 않고 그것이 어떻게 이루어졌는지 조금도 드러내지 않고, 어떤, 혹은 모든 사건의 정신과 열정, 풍경들, 사람들을, 당신이 읽거나 들을 때, 당신의 개인적 성격으로 다소간 가져온다. 이를 성사시키는 것은 시간을 추구하고 따르는 법칙과 겨루는 일이기도 하다. 목적이 무엇인가는 분명히 존재하고 그 근거 또한 존재하는 것이 분명하다…… 가장 약한 암시조차도 최상의 표현이며 그래서 가장 투명한 표현이 된다. 과거와 현재와 미래는 떨어지지 않고 연결된다. 가장 위대한 시인은 앞으로 존재할 것의 지속성을 이미 존재해 왔던 것과 현재 존재하는 것으로부터 형성한다. 그는 죽은 사람들을 그들의 관으로부터 끌어내어 다시 그들의 발로 서게 한다…… 그는 과거를 향해 〈자, 내가 당신을 알아볼 수 있도록 내 앞에 서서 걸어라〉라고 말한다. 그는 교훈을 배우고…… 그는 미래가 현재가 되는 곳에 자신을 세운다. 위대한 시인은 사람과 장면과 열정을 자신의 빛으로 눈부시게 하지 않는다…… 그는 결국 올라가서 모든 것을 끝낸다…… 그는 산봉우리들이 무엇을 향하고 있고 그 너머에 무엇이 있는지 아무도 말하지 않는 그 산봉우리들을 드러낸다…… 그는 극단의 경계에서 한순간 빛난다. 그는 최후의 반쯤 가린 미소나 찡그림 속에서 가장 놀랍다…… 바로 저 떠나는 순간의 빛으로 인해 그것을 보는 사람은 그 후 여러 해 동안 용기를 얻거나 겁에 질린다. 위대한 시인은 도덕을 주장하지도 적용하지도 않는다…… 그는 영혼에 대해 안다. 영혼은 그 자체 외에는 어떤 교훈도 인정하지 않는 헤아릴 수 없는 자부심을 지닌다. 그러나 그것은 자부심만큼이나 헤아릴 수 없는 동정심을 지니고 있고, 후자가 전자와 균형 맞추어 다른 한쪽과 짝을 이루어 뻗어 가는 동안 어느 것도 지나치게 멀리 뻗을 수 없다. 예술의 내밀한 비밀은 그 쌍둥이와 함께 잠잔다. 위대한 시인은 그 둘 사이 가까이 누워 있다. 그들은 그의 양식과 생각에 있어 중요하다.

예술의 예술, 표현의 영광, 글의 햇살은 바로 단순함이다. 단순함보다 더 나은 것은 없다⋯⋯ 그 어떤 것도 과도함을, 분명함의 결핍을 메울 수 없다. 숱한 충동을 계속해서 지닌 채로, 지성의 깊이를 꿰뚫고, 모든 주제에 그 정교함을 부여하는 것은 평범하지도 너무 비범하지도 않은 힘이다. 그러나 문학에서 완벽한 성실함과 동물의 태연한 동작, 숲 속 나무들과 길가 풀의 나무랄 데 없는 정조로 말하는 것은 예술의 흠잡을 데 없는 승리다. 만약 당신이 그것을 성취해 낸 사람을 보았다면 당신은 모든 국가와 시대의 예술가들 중의 대가 한 사람을 본 셈이다. 당신은 그를 만족스럽게 보는 것 이상으로 항구 위의 회색갈매기의 비상이나 못된 말의 기운찬 행동이나 줄기에 껑충하게 기댄 해바라기나 하늘을 따라 여행하는 태양의 모습이나 그 후의 달의 모습을 만족스럽게 보지 않는다. 위대한 시인은 눈에 띄는 양식은 덜 지니면서도, 증가도 감소도 없는 생각과 사물의 통로이며, 또한 그 자신의 자유로운 통로다. 그는 자신의 예술에 맹세하며, 나는 간섭하지 않을 것이고, 나는 내 글에서 나와 다른 사람들 사이에 우아함이나 효과나 독창성을 커튼처럼 걸지 않겠다. 나는 아무것도, 아무리 그럴듯한 커튼이라 할지라도, 걸지 않겠다. 내가 말하는 것을 나는 정확히 현재 있는 바의 것이라 말한다. 찬양하거나 놀라게 하거나 매혹시키거나 위로하는 사람은 그렇게 놓아두고, 나는 건강이나 더위, 혹은 눈[雪]이 그러하듯 목적을 지닐 것이며 관찰과 무관하게 존재할 것이다. 내가 경험하거나 그리는 것은 내 글의 흔적 없이 내 글로부터 나아갈 것이다. 당신은 내 옆에 서서 나와 함께 거울을 바라볼 것이다.

위대한 시인들의 오래된 붉은 피와 흠 없는 우아함은 그들의 자유로움으로 증명된다. 어떤 영웅적인 이가 그 관습이나 선례, 그를 벗어나는 권위를 통과하거나 그것들을 지나 편하게 걸어간다. 작가들, 시인들, 음악가들, 발명가들과 예술가들의 형제애적 기질 중 새롭고 자유로운 형식으로부터 나오는 말없는 도전보다 더 아름다운 것은 없다. 시, 철학, 정치, 기계, 과학, 행동, 예술의 기교, 맞춤한 본토박이 그랜드 오페라, 선박 제조 기술, 그 밖의 어떤 기술을 필요로 함에 있어서 그는 늘 가장 위대하고 독창적이며 실용적인 예로써 기여하는 가장 위대한 사람이다. 가장 깨끗한 표현은 그 자체의 가치 영역을 찾지 않고 그것을 만들어 내는 것이다.

남자와 여자 각각에게 위대한 시인들이 전하는 메시지란, 동등한 관계로써 오라, 그럴 때에만 우리를 이해할 수 있고, 우리가 당신보다 더 낫지 않으며, 우리가 품고 있는 것을 당신이 품고 있고, 우리가 즐기는 것을 당신이 즐길 수 있다, 하는 것이다. 당신은 단 하나의 초월자만이 존재할 수 있다고 생각했는가? 우리는 수많은 초월자들이 있을 수 있다고 확신하며, 한쪽 시각이 다른 쪽 시각에 대항하지 않는 것처럼 하나의 초월자가 다른 것들에 대항하지 않는다고…… 그리고 인간은 그들 안의 초월을 의식할 때에만 선하거나 위대해질 수 있다고 확신한다. 당신은 폭풍우와 분열, 죽음의 전투와 난파선, 원소들의 거친 열광, 바다의 힘과 자연의 움직임과 인간 욕망의 고통, 품위와 증오, 사랑의 웅장함이 무어라 생각하는가? 그것은 영혼 안의 그 어떤 것으로, 계속 화내라고, 계속 소용돌이치라고, 나는 사방 천지에서 스승을, 하늘의 경련, 바다의 떨림의 스승을, 자연과 정열과 죽음의 스승을 밟아 뭉개노라고 말한다.

미국의 시인들은 관용과 애정으로, 경쟁자들을 격려함으로 특징지을 수 있을 것이며…… 그들은 우주가 될 것이다…… 독점하지 않고 비밀 없이…… 어떤 것이라도 다른 사람에게 기꺼이 건네주면서…… 필적할 사람들을 밤낮으로 갈망할 것이다. 그들은 부와 특권에 신경 쓰지 않으며…… 부자가 되고 특권을 누릴 것이며…… 누가 가장 풍요로운 사람인지 알게 될 것이다. 가장 풍요로운 사람은 바라보는 모든 광경을 그 자신의 보다 더 강력한 부에서 나온 것과 같은 것으로 대면하는 바로 그 사람이다. 미국의 국민 시인은 사람들의 계층도, 한두 이익의 층위도, 사랑도, 진리도, 영혼도, 육체도 그리 많이 서술하지 않을 것이며…… 서부의 주 이상으로 동부의 주를, 남부의 주 이상으로 북부의 주를 지지하지 않을 것이다.

정확한 과학과 그 실용적 전개는 위대한 시인에게 방해가 되지 않고, 항상 그를 격려하고 지지한다. 그 발단과 기억이 거기 있다…… 거기, 그를 최초로 끌어 올려 잘 안은 팔…… 그가 오고 간 후 결국 돌아오는 그곳에. 선원과 여행객…… 해부학자 화학자 천문학자 지리학자 골상학자 영혼학자 수학자 역사학자 사전 편찬학자는 시인이 아니지만, 시인에게 있어 법률 제공자이고 그들의 건축물은 모든 완벽한 시의 구조를 떠받친다. 무엇이 일어나든 무엇이 말해지든 그들은 그 개념의 씨앗을 보낸다…… 그들에게 속하여, 그들 곁에서 영혼의 가시적 증거들이 대기한다…… 언제나 그들의 부성에서 국민 시인들의 강건한 종족이 잉태되어야만 한다. 아버지와 아들 사이에 사랑과 만족감이 있다면, 그리고 아들의 위대함이 아버지의 위대함을 발산한다면, 시인과 증명할 수 있는 과학자 사이에는 사랑이 있을 터이다. 시의 아름다움 속에는 과학의 수실과 최후의 박수갈채가 있다.

아는 것의 감격, 질적인 깊이와 주제가 있는 것들에 대한 탐구를 믿는 것은 위대하다. 시인의 영혼은 여기에 길을 내어 순환하며 팽창하지만 항상 자연스러운 통괄자이다. 그 깊이는 끝이란 것이 없고 그래서 평온하다. 그 순수함과 적나라함은 복원된다…… 그들은 수수하지도 않고 상스럽지도 않다. 특별하고 초월적인 것에 대한 모든 이론들과 그것과 얽혀 있거나 그것으로부터 환기된 모든 것들은 하나의 꿈으로서 떠난다. 무엇이 일어났든…… 무엇이 일어나고 있든, 무엇이 일어날지 모르고 무엇이 일어날 것이든 간에 필수적인 법칙들은 모든 것을 포괄한다…… 그것들은 어떤 경우에나, 모든 경우에나 충분하다…… 서두르거나 지체되지 않고…… 모든 운동과 모든 풀잎, 남자와 여자, 그리고 그들에게 관심을 갖는 모든 사람들의 뼈대와 영혼, 이 모두가 모든 것과, 독특하고 제자리에 있는 각각의 것들과 관계하는 말로 다 할 수 없을 만큼 완벽하게 경이로운, 거대하고 투명한 구조 속에 받아들일 수 없는 어떤 일들과 사람들의 경이로움. 알려진 우주 안에 남자와 여자보다 더 신성한 것이 있다는 것을 인정하는 것은 또한 영혼의 실제와 일치하지 않는다.

남자와 여자, 지구와 그 위에 있는 모든 것들은 그저 있는 그대로 받아들여져야 하며, 그들의 과거와 현재, 미래를 탐구하는 것은 중단되어서는 안 되며, 완전히 솔직하게 이루어져야 한다. 이 기반 위에서 철학은 늘 시인을 고대하며 사색하고, 감각과 영혼에 분명한 것과 결코 모순되지 않는 행복을 추구하는 모든 사람들의 한결같은 성향을 항상 고려하면서 사색한다. 행복에 대한 모든 사람들의 한결같은 추구는 온전한 철학의 유일한 요지다. 그것보다 덜 고려되는 것이 무엇이든…… 빛과 천체의 움직임보다 더 고려되는 것이 무엇이든…… 도둑놈 거짓말쟁이 대식가 술주정뱅이 들을 이생에서, 이후에도 의심할 여지없이 계속 따라다닐 법칙들보다 덜 고려되는 것이 무엇이든…… 거대하게 펼쳐진 시간이나 운명의 느린 형성, 지층의 끈질긴 융기보다 덜 고려되는 것이 무엇이든, 그런 것은 아무 의미가 없다. 하느님을 시 또는 철학 체계 안에 놓고 어떤 존재나 영향에 대항하도록 하는 것이 무엇이든 그것 또한 의미가 없다. 온전함과 조화가 위대한 스승의 특성을 이룬다…… 하나의 원칙에서 무너지면 모든 것이 무너진다. 위대한 스승은 기적과 아무 관계가 없다. 그는 대중들 속의 한 존재가 되는 것에서 스스로 건강함을 본다…… 그는 비범한 탁월함 속에서 틈새를 본다. 완벽한 형태에 평범한 땅이 있다. 일반 법칙 아래 있는 것은 그 법칙에 부응함으로 위대하다. 스승은 그가 말로 표현할 수 없이 위대하다는 것을, 모든 사람들이 말로 다 할 수 없이 위대하다는 것을…… 예를 들어 아이들을 잉태하고 그들을 잘 키우는 것보다 더 위대한 것은 아무것도 없다는 것을, 존재하는 것은 깨닫거나 말하는 것만큼이나 위대하다는 것을 알고 있다.

위대한 스승들이 됨에 있어서 정치적 자유사상은 필수 불가결하다. 자유는 남자들과 여자들이 있는 곳이라면 어디서나 영웅들의 충성을 받지만…… 시인들로부터 받는 것 이상으로 더 많은 충성이나 환영을 받지는 못한다. 시인들은 자유의 목소리이며 자유를 개진한다. 시대에서 나온 그들은 위대한 사상에 값한다…… 위대한 사상이 그들에게 맡겨지며, 그들은 그것을 지속시켜야 한다. 어느 것도 그것을 앞서지 않으며 어느 것도 그것을 왜곡하거나 폄하할 수 없다. 위대한 시인들의 태도는 노예들을 고무시키고 독재자들을 겁먹게 할 수 있다. 그들이 목을 돌리는 것, 발소리를 내는 것,

허리를 움직이는 것 등은 후자에게 위험으로 가득 찬 것이고, 전자에게는 희망이다. 잠시 그들 가까이 오라, 그러면 그들이 말하거나 충고하지 않는다 해도 당신은 성실한 미국의 교훈을 배우게 될 것이다. 자유는 형편없는 것이 되어 버린다, 한두 번 혹은 여러 번의 실패, 무심한 무관심이나 사람들의 배은망덕, 강력하게 드러난 권력의 송곳니, 군인들과 대포들, 혹은 어떤 형법들을 참아 내게 하는 것 등으로 그 선의가 제압되고 마는 사람들로 인해. 자유는 자신에게 의존하여, 아무도 초대하지 않고, 아무것도 약속하지 않으며, 평온하게 빛 속에 자리 잡고, 긍정적이고 침착하며, 낙담이라고는 알지 못한다. 싸움은 숱한 크나큰 경종과 진전과 후퇴로 빈번히 분노를 일으킨다…… 적이 승리하고…… 감옥, 수갑, 철갑 목걸이와 발목 쇠새, 교수대, 쇠고리, 납덩이가 그 일을 한다…… 원인은 잠들어 버리고…… 강력한 위협이 그 피로 숨통을 조인다. 젊은이들은 서로를 지나쳐 갈 때 땅을 향해 눈썹을 떨어뜨리고…… 그러면 자유는 이 땅에서 사라졌는가? 아니다, 결코 그렇지 않다. 자유는 사라질 때 첫 번째나 두 번째, 혹은 세 번째로 가지 않는다. 자유는 나머지 모든 것이 사라지기를 기다린다…… 자유는 최후다…… 옛 독재자에 대한 기억이 완전히 사라질 때…… 애국자들의 위대한 이름들이 웅변가들의 입술과 대중들의 모임으로부터 조롱받을 때…… 소년들이 그들과 같은 이름으로 세례를 받는 것이 아니라 독재자들과 반역자들의 이름으로 세례를 받을 때…… 자유의 법률이 하는 수 없이 허용되고 밀고자들과 고발자 포상 제도가 국민의 입에 달콤할 때…… 우리의 동등한 우정에 답하며 누구도 스승으로 부르지 않는 수많은 형제들을 보고 나와 당신이 연민으로 묶여 이 땅 위 나라 밖으로 걸어갈 때, 그리고 우리가 노예들을 보며 고상한 기쁨에 취할 때…… 영혼이 밤과 서늘하게 교류하며 물러나 그 경험을 전망하며 온 세상에 대해, 불평가들의 불평이나 잔혹한 열등감 속으로 무기력하고 순수한 사람들을 밀어 넣는 행위에 대해 엄청난 황홀을 느낄 때…… 이 나라의 각 지역에서 미국의 진정한 특성을 손쉽게 실현시킬 수 있는 이들이 아직 그리 하지 않을 때, 한 무리의 아첨꾼들, 풋내기들, 줏대 없는 사람들,[4] 빈대 정치가들, 자기 자신의 승진을 위해 시나 주의 행정법이나 사법, 혹은 의회나 대통령실에 교묘한 혼란을 계획하는 사람들이 그들의 직위 여부를 막론하고 국민들로부터 순수한 존경과 사랑의 응답을 얻을 때…… 모자를 벗지 않는, 건실한 눈과 솔직하고 관대한 마음을 지닌 정말 가난하지만 자유로운 기계공이나 농부로 사는 것보다 얼간이나 사기꾼으로 사무직에 얽매이는 것이 더 나을 때…… 최소한의 도망 기회에 대비하여 엄격한 수위로 마땅히 따르는 자체 처벌 없이도 도시나 주, 연방 정부에 의한 노예 상태나 여타 크고 작은 규모의 억압이 시도될 수 있을 때…… 아니, 차라리 모든 삶과 남자 여자의 영혼들이 이 땅의 어느 지역에서 사라질 때, 그럴 때 자유의 본능은 이 땅

---

[4] doughfaces. 미국의 남북 전쟁 당시 남부의 노예 제도 유지를 옹호하던 북부 정치인들을 가리키는 말.

의 그 지역에서 그저 사라질 것이다.

　우주 시인들의 특성이 실제의 육체와 영혼, 사물들의 기쁨에 집중할 때 그들은 모든 허구와 로맨스를 넘어 순정(純正)의 우위를 확보한다. 그들은 스스로 빛을 발하므로 사실(事實)은 빛의 세계를 받고…… 낮의 햇살은 더 많은 휘발성의 빛을 받으며…… 해가 지고 뜨는 사이의 깊이는 여러 층으로 더 깊어진다. 각각의 구체적 사물이나 조건, 조화나 과정은 아름다움을 드러낸다…… 곱셈 구구표는 곱셈 구구표의 아름다움을, 노년은 노년의 아름다움을, 목수의 일은 목수의 일의 아름다움을, 그랜드 오페라는 그랜드 오페라의 아름다움을…… 증기로, 아니면 돛을 다 펼쳐 바다에 떠 있는, 커다란 뱃머리에 미끈한 몸을 지닌 뉴욕 쾌속 범선은 비할 수 없는 아름다움으로 빛난다…… 미국인 집단과 정부의 대단한 조화는 그 아름다움으로 빛난다…… 평범할지라도 분명한 의도들과 행동들은 그것들의 아름다움으로 빛난다. 우주 시인들은 모든 중재와 엄호, 소란과 전략을 지나 제1원칙을 향해 전진한다. 그들은 효용이 있다…… 그들은 결핍으로부터 가난을 분리하고, 그 자만으로부터 부유함을 분리한다. 그들이 말하는 당신, 대단한 자산가는 다른 누구보다 더 많이 인식하지도 깨닫지도 못할 것이다. 도서관을 소유하고 있는 사람은 그것을 구입하고 값을 처러 그것에 대한 법적 소유권을 얻은 사람이 아니다. 다양한 언어와 주제 형식을 통해 똑같이 읽을 수 있는 사람이면 누구나 모두 도서관의 소유자, 그들은 편안하게 들어가 자리를 잡고 부성과 모성을 향해 힘차게 나아가 유연해지고 강력해지며 풍요로워지고 거대해진다…… 이러한 미국의 강하고 건강하며 성공적인 주들은 자연적 모델들을 침해하는 것으로 기쁨을 삼지 말아야 하고, 그것을 용인하지 말아야 한다. 그림이나 주조, 광물이나 나무의 조각, 책이나 신문의 삽화, 희극적이거나 비극적인 판화, 나무로 된 물건의 모양에서, 방과 가구와 옷을 아름답게 하거나 처마의 돌림띠나 기념비, 배의 꼬리나 머리에 올려놓거나 안과 밖의 사람들 눈앞 어디든 올려놓는 그 모든 것에서 정직한 형태를 왜곡시키는 것이나 비현실적인 물건, 장소, 우연성을 만드는 것은 불법 방해이자 저항이다. 특히 인간의 형태에서 그것이 결코 조롱의 대상이 되어서는 안 된다는 것, 이 점은 대단히 중요하다. 작품의 장식에서 과도한 것은 그 무엇도 용납되지 않는다…… 그러나 장식들이 열린 대기의 완벽한 사실들과 부합하고 작품의 본성으로부터 나온 것이라면, 억제할 수 없이 터져 나온 것, 작품을 완성하는 것에 필수적인 것이라면 그런 장식들은 허용될 수 있다. 대부분의 작품들은 장식 없이도 아름답다…… 과장은 인간의 생리상 원한의 대상이 된다. 깨끗하고 생기 있는 아이들은, 오직 자연 형태의 모델들이 매일 공적인, 그런 무리에서만 분출되고 잉태된다…… 이러한 주에 사는 위대한 천재들과 사람들은 결코 로맨스로 격하되지 않는다. 역사가 절절하게 전해짐과 동시에 더 이상 로맨스에 대한 요구는 없다.

  위대한 시인들은 또한 내면에 꾀가 없는 것과 완벽한 개인적 정직함을 정당화하는 것으로 구별된다. 그래서 사람들은 새롭고 값이 싼 기쁨과 그들의 머리에서 튀어나오는 신성한 목소리를 흉내 낸다. 솔직함은 얼마나 아름다운가! 완전한 솔직함을 지닌 그의 모든 잘못은 용서받을 수 있으리라. 지금부터 우리 중 어느 누구도 거짓말하지 않기를, 왜냐하면, 개방성이 내면과 외부 세계를 이기며 하나의 예외도 없다는 것을, 우리의 지구가 한 덩어리로 뭉쳐진 이후 거짓이나 속임수나 얼버무림으로 가장 작은 분자도, 가장 옅은 그림자의 흔적조차도 결코 끌어당긴 적이 없었다는 것을, 은닉된 부와 한 주나 전체 주들로 이루어진 공화국의 상류층을 통해 비겁하거나 교활한 사람이 발견되어 무시되리라는 것을, 영혼은 결코 바보 취급받지 않으며 바보로 취급받을 수도 없다는 것을 우리가 이미 알고 있으므로…… 그리고 영혼의 사랑에 대한 넘치는 승인이 없으면 검약은 그저 고약한 냄새를 풍기는 것에 불과하다는 것을…… 지구 어느 대륙에서도, 어느 별이나 위성이나 별에서도, 소행성에서도, 천상의 어느 공간에서도, 밀도 높은 안개 속 어디에서도, 바다의 흐르는 물 아래에서도, 아기의 탄생에 앞서는 그런 상황에서도, 삶의 변화 그 어느 시기에서도, 우리가 죽음이라 부르는 것 이후에 오는 어떤 상황에서도, 생명 이후의 정지나 행동의 연속에서도, 형성과 재형성의 과정 속 어디에서도, 진리를 증오하는 본성의 존재란 자라지 않는다는 것을, 우리가 보아 왔으므로.

과도한 조심성과 겸양, 가장 건전한 유기체의 건강, 커다란 희망과 비교, 여자와 아이들에 대한 애정, 대단한 식탐[5]과 파괴성과 인과성, 자연과의 완벽한 일체감과 인간사에 적용되는, 동일한 영혼의 적정성을 지니는 것, 이것들은 세상 사람들의 머리 위로 떠올라 위대한 시인이 그 어머니의 자궁에서 태어날 때부터, 아니, 그 어머니가 어머니의 자궁에서 태어날 때부터 그의 일부가 된다. 조심스러움이 과히 지나치는 경우는 거의 없다. 사려 깊은 시민은 실속 있는 수익에 열심히 종사하고 자신과 가족을 위해 성실히 일하며 빚이나 범죄 없이 합법적인 삶을 완수하는 사람이라고 여겨져 왔다. 위대한 시인은 음식과 잠의 절약을 이해하듯 이들의 효율적 사용을 이해하고 인정한다. 그러나 그는 빗장 걸린 대문 앞에서 약간의 대단치 않은 관심을 주며 많은 것을 준다고 생각하는 것 이상으로 높은 분별력을 지니고 있다. 근검한 삶의 전제들은 환대나 성숙, 수확에 있지 않다. 장례식을 위해 남겨 놓은 약간의 돈, 주위의 비막이널과 많은 미국인들이 땅 위에 소유하고 있는 머리 위 지붕널, 한 해의 소박한 옷과 음식을 제공하는 넉넉한 돈과는 별개로, 인간 같은 위대한 존재를 포기하는 우울한 겸양은 아무렇게나 내던져지고, 그들의 그 모든 시들게 하는 낮과 얼음 같은 밤, 숨 막히는 속임수와 야비한 술수의 돈벌이, 극소의 기실이나 다른 사람들이 굶주리는 동안 수치심도 없이 창자를 채우는 일 등으로 여러 해 동안 병색이 이어져…… 꽃과 지구와 대

---

5 alimentiveness. 여기서는 〈식탐〉으로 번역했다.

기의 향기를 잃고, 바다를 잃고, 당신이 청년이나 중년에 스치거나 관계를 맺어야만 하는 여자들과 남자들에 대한 참된 취향을 잃는 일, 삶이 끝날 즈음 고양된 느낌이나 천진난만함도 없이 절망적으로 반항하는 것, 그리고 평정심도 위엄도 없이 죽음에 대해 별수 없이 잡담하는 것 등은 현대 문명과 선견지명에 대한 대단한 사기이며, 문명이 부인할 수 없을 정도로 기초 삼고 있는 외양과 시스템을 더럽히고, 문명이 빠르게 퍼뜨리고 퍼뜨린 멋진 생김새를 영혼의 입술이 닿기도 전에 눈물로 적신다…… 겸양에 대해서는 보다 올바른 설명이 더해져야 한다. 그저 부자인 사람들과 가장 존경받는 삶에 대한 존경의 겸양은 눈으로 보기에는 너무 미약한 것이어서 크고 작은 것이 함께 조용히, 불멸성에 적합한 겸양을 갖춘 사람의 생각에 떠오를 때 전혀 눈에 띄지 않는다. 세월의 공간을 뛰어넘어 어느 시점에 강력한 보강력과 풍요로운 선물과 당신이 볼 수 있을 만큼 먼 곳에서 당신을 향해 즐거이 사방에서 뛰어오는 결혼식 하객들의 투명한 얼굴들과 함께 돌아오는 지혜에 비해, 한 해, 혹은 70년, 혹은 80년의 얄팍함을 채우는 지혜란 무엇인가? 오직 영혼만이 그 자체로 존재한다…… 다른 모든 것들은 그 후에 일어나는 것들과 관련된다. 한 사람이 행하거나 생각하는 모든 것이 결과를 지닌다. 어떤 움직임도 남자나 여자로 하여금 하루, 혹은 한 달, 아니, 직접적인 인생의 어느 부분이나 죽음의 순간에 그나 그녀에게 영향 끼칠 수는 없으며 그저 우회적인 생애 이후에 그나 그녀에게 계속 영향을 줄 뿐이다. 간접적인 것은 항상 직접적인 것만큼 크고 실제적이다. 영혼은 육체에게 주는 것만큼 받는다. 어떤 하나의 어휘나 행동…… 어떤 성병의 아픔이나 탈색…… 수음하는 사람의 은밀함…… 부패한 대식가나 술꾼의 혈관…… 횡령이나 술수, 배신이나 살인…… 여자들을 유혹하는 뱀 같은 독성…… 여자들의 바보 같은 굴복…… 창녀…… 젊은 남자들의 타락…… 믿을 수 없는 방법으로 소득을 얻는 것…… 식욕의 추잡함…… 관리들의 사람들에 대한 무례, 판사들이 죄수에게 아버지가 아들에게 아들이 아버지에게 남편이 아내에게 상관이 자기 직원들에게 하는 거친 행동들…… 탐욕스러운 표정이나 해로운 소망들…… 사람들이 자신에게 행하는 어떤 사악함들…… 이런 것들은 계획표에 각인될 수는 없지만 때가 되면 현실이 되어 돌아오며, 더 많은 행동들로 돌아온다…… 그리고 이러한 것들이 다시 돌아왔다. 자비를 강요하거나 개인적인 힘으로 밀어붙인다고 해서 가장 심오한 이성 이상의 다른 것이 있을 수 없다, 그것이 곧장 논쟁을 이끌어 내든 아니든 간에. 자세한 설명은 필요치 않다…… 더하거나 빼거나 나누는 것은 헛된 일이다. 작든 크든, 배우든 배우지 않든, 희든 검든, 합법적이든 비합법적이든, 아프든 건강하든, 첫 영감에서부터 숨통으로 내려와 그것의 마지막 호흡에 이르러 남자든 여자든 생기 있고 은혜로우며 깨끗한 남자나 여자가 행하는 모든 것이 우주의 흔들릴 수 없는 질서 속에서, 그리고 우주의 전 궤도를 지나면서 그나 그녀에게 가장 확실한 이득이 된다. 만약 야만인이나 악한이 현명하다면 그것은 좋은 일이다…… 만약 위대한 시인이나 석학이 현명하다면 그것 역시 그저 그와 똑같은 것이다…… 대통령이나 대법관이 현명하다면 그것도 마찬가지며…… 젊은 기계공이나 농부가 현명하다면 그것 역시 그 이상도 그 이하도 아닌 것이다…… 만약 창녀가 현명하다면 그것 역시 그 이상도 그 이하도 아니다. 관심은 돌고 돈다…… 모든 것이 돌고 돈다. 전쟁과 평화의 모든 최상의 행동들…… 친척과 낯선 사람과 가난한 사람, 늙은 사람과 슬픈 사람, 어린아이들과 미망인, 병자와 모든 꺼려지는 사람들에게 준 모든 도움들이…… 도망자들과 노예들의 탈출이 확산되는 것…… 조난자들 곁에 내내 초연하게 서서 다른 사람들이 배의 자리를 차지하는 것을 바라보는 모든 자기 부정이…… 낡고 선한 원리나, 친구나 여론 때문에 재산이나 생명을 내주는 모든 일들, 크고 아름다운 사랑과 어머니의 고귀한 고통 모두가…… 기록되든 기록되지 않든 싸움에서 괴로워하는 정직한 사람들 모두가…… 우리가 그 역사 기록의 조각들을 물려받은 고대의 몇 국가의 모든 장엄함과 선(善)이…… 이름이나 연대나 위치가 우리에게 알려지지 않은 더 강하고 더 오래된 국가들의 셀 수 없이 많은 선 모두가…… 모든 시대에 인간의 신성한 마음에서, 혹은 인간의 성스러운 입에 의해, 혹은 인간의 위대한 손에 의해 만들어진 것을 통해 성공적으로 제시된 것들 모두가…… 오늘날 지구 상의 어느 지역에서든 족히 생각되고 행해지는 모든 것들이…… 이제부터 당신이 누구든 당신에 의해, 또는 다른 누군가에 의해 족히 생각되고 행해지는 것들, 이것들은 홀로 또 전체적으로, 그들이 나왔거나 나올 정체성에 그때가 되어 익숙해졌고, 지금 그러하며, 미래에도 항상 그러할 것이다…… 당신은 그들 중 어떤 것이 그 순간에만 살았다고 생각했는가? 세상은 그렇게 존재하지 않는다…… 손에 잡히는 것이든 손에 잡히지 않는 것이든 그렇게 존재하지 않는다…… 그 오랜 과거의 결과와 그 과거로부터의 존재 없이는 지금 그 어떤 결과도 존재하지 않으며, 그래서 가장 멀리 있어 말로 할 수 없는 그 지점이 아닌, 다른 어떤 지점보다 조금 더 시작에 가까운 지점으로 거슬러 간다…… 영혼을 만족시키는 것이 무엇이든 그것은 진리다. 위대한 시인의 겸양은 결국 영혼의 갈망과 입맛에 응답하고, 저급한 겸양의 방식들이 그 방식을 따른다 해도 그것들을 경멸하지 않으며, 어떤 것도 버리지 않고, 그 자체의 경우나 다른 경우들에 대해 어떤 포기도 허용하지 않으며, 특별한 안식이나 심판의 날을 갖지 않으며, 살아 있는 것들을 죽은 것들로부터, 정의로운 것들을 부정한 것으로부터 분리하지 않으며, 현재에 만족하고, 모든 생각이나 행동을 그 자체의 상관물로 견주고, 어떤 용서나 위임된 속죄의 가능성도 알지 못하며…… 태연하게 자신의 인생을 걸었다가 실패한 젊은 사람은 자신을 위해 아주 좋은 일을 했지만, 자신의 인생을 위험에 빠뜨리지 않고 나이 들 때까지 부자로 안락하게 유지한 사람은 자신을 위해 거론할 가치가 있는 그 어떤 것도 성취하지 않았다는 것을, 진정 오래가는 것들을 좋아하는 방법을 이미 알고 있고, 영육을 똑같이 좋아하며, 직접적인 것을 따르면서 분명히 간접적인 것을 인식하고 그를 다시 대면하려 앞으로 뛰어오르고 대기하는 어떤 선악이든 행하는, 자신의 영이 위기에 처했을 때 무엇이든 서두르지 않고 죽음을 피하지도 않는, 그런 사람만이 배움에 대한 겸양을 그리 많이 지니지 않음을, 알고 있다.

위대한 시인이 되고자 하는 사람에 대한 직접적인 심판은 바로 오늘이다. 그가 만약 거대한 대양의 물결처럼 즉각적인 세월로 자신을 채우지 않는다면…… 만약 그가 자신의 영토인 육체와 영혼을 자신에게로 이끌어 그 목에 비교할 수 없는 사랑을 걸지 않는다면, 자신의 성기[6] 근육을 그 장단점 속으로 내던지지 않는다면…… 그리고 만약 그가 세월이 변형시킨 그 자신이 아니라면…… 만약 그에게 영원함이, 모든 시대와 지역과 과정, 생명체와 비생명체에 유사성을 부여한, 시간의 구속이며, 그 알 수 없는 막막함과 오늘의 유영하는 형태 속의 무한함에서 일어나 인생의 유순한 닻에 묶여 현재의 시점을 과거로부터 앞으로 존재할 것들로의 길로 만들어 스스로 한 시간의 파도와 이 파도를 이루는 60명의 아름다운 아이들의 흐름을 표현하는 것에 헌신하는 그 영원함이 열려 있지 않다면, 그를 일반적인 흐름에 통합시켜 그의 발전을 기다리자…… 그러나 시 혹은 인물, 아니, 작품에 대한 마지막 시험이 남아 있다. 선견지명이 있는 시인은 여러 세월 앞서서 자신의 모습을 그려 보며 시간의 변화에 따

---

[6] semitic. 성적 함의를 지닌 어휘로서 정자가 지나는 근육을 뜻한다.

라 행위자와 행동을 판단한다. 그것은 그들을 통해 살아 있는가? 그것은 여전히 지치지 않고 지속되는가? 천재와 같은 스타일과 비슷한 요점으로 향하는 지향은 지금 만족스러운가? 과학에서의 새로운 발견이나 사고와 판단과 행위의 우월한 지점에 도착한 것이 그를, 혹은 그의 것을 안정시켜 어느 것도 무시되지 않게 하였는가? 수백 년 수천 년 수만 년의 행진을 통해 기꺼이 우회하는 자들은 바로 그 자신을 위해 좌우로 가게 되었는가? 그가 땅에 묻힌 후에도 오래오래 사랑받는가? 젊은이들은 종종 그를 생각하는가? 그리고 젊은 여자는 그를 자주 생각하는가? 또한 중년의 사람들과 나이 든 사람들이 그를 생각하는가?

위대한 시는 여러 세월에 대해, 모든 계층과 피부색, 모든 부문과 분파에 대해, 남자와 마찬가지로 여자에 대해, 여자와 마찬가지로 남자에 대해 공통적이다. 위대한 시는 남자나 여자에게 끝이 아니라 오히려 시작이다. 그가 결국 어떤 합당한 권위 아래 앉아 설명에 만족하며 편안해하고 현실을 받아들이고 흡족해하며 충만할 수 있다고 그 누가 상상한 적 있는가? 위대한 시인은 그런 끄트머리에 이르지 않는다…… 그는 중단도, 보호받는 비만과 편안함도 가져오지 않는다. 그의 손길은 행동으로 말한다. 그는 자신이 선택한 사람을 확고하고 분명하게 붙잡아 이전에는 성취되지 않았던 살아 있는 지역으로 데려간다…… 그 후로 휴식은 없다…… 그들은 공간을 보며, 낡은 지점과 빛을 죽은 진공으로 바꾸는 표현할 수 없는 광채를 본다. 그와 함께 가는 사람은 별의 탄생과 운행을 보고 그 의미들 중 하나를 배운다. 이제 소동과 혼란으로부터 응집된 어떤 사람이 있을 것이다…… 연장자는 젊은이를 격려하고 그에게 그 방법을 보여 준다…… 그들 두 사람은 새로운 세계가 그 자체의 원주에 들어맞을 때까지 함께 두려워하지 않고 일을 시작할 것이고, 그리하여 별들의 보다 안쪽의 궤도 위에서 태연하게 보면서, 멈추지 않는 고리를 휩쓸며 통과하여, 결코 다시는 입을 다물지 않을 것이다.

이제 더 이상 성직자는 없을 것이다. 그들의 일은 다 끝났다. 그들은 잠시 기다릴는지 모른다…… 아마도 한 세대나 두 세대…… 점차 사라지면서. 보다 우월한 종자가 그들의 자리를 차지할 것이다…… 우주와 예언자들의 한 무리가 그들의 자리를 차지할 것이다. 새로운 질서가 일어날 것이며 그들이 인간의 성직자들이 될 것이고, 모든 사람은 그 자신의 성직자가 될 것이다. 그들의 그늘 아래 지은 교회는 남자들과 여자들의 교회가 될 것이다. 그들 자신의 신성(神性)을 통해 우주와 새로운 종의 시인들이 남자와 여자, 모든 사건과 사물 들의 해석자가 될 것이다. 그들은 오늘의 실제 사물들, 과거와 미래의 징후들에서 영감을 찾을 것이다…… 그들은 불멸이나 하느님을, 사물의 완벽함이나 자유를, 영혼의 정교한 아름다움과 실체를 뻔뻔하게 옹호하지 않을 것이다. 그들은 미국에서 일어나며, 지구의 나머지 사람들로부터 응답받을 것이다.

영어는 위대한 미국의 표현에 동반자가 될 것이다…… 그것은 충분히 건장하고 충분히 유연하며 충분히 완전하다. 그것은 모든 상황의 변화를 지나 정치적인 자유에 대한 생각을 결코 벗어난 적이 없는 민족의 강력한 저장고에 보다 고상하고 보다 유쾌하며 보다 미묘하고 보다 우아한 언어의 어법들을 가져왔다. 그것은 강력한 저항의 언어…… 상식의 방언이다. 그것은 자부심 있고 감상적인 민족과 갈망하는 모든 사람들의 말이다. 그것은 성장 믿음 자기존중 자유 정의 평등 우정 넉넉함 신중함 결단 용기를 표현하기 위해 선택된 말이다. 표현할 수 없는 것을 잘 표현할 수 있게 하는 매개물이다.

어떤 위대한 문학도 어떤 행동 양식이나 어떤 웅변이나 사회적 관계도 집 안 정리나 공공 기관이나 피고용인의 상관으로부터의 대접이나 행정적인 사항이나 군대 혹은 해군의 기밀이나 법령의 정신이나 법정이나 경찰이나 교육이나 건축이나 노래나 오락이나 젊은 사람들의 옷 그 어떤 것도 미국 표준의 질투 섞인 열정의 본능을 오래 피할 수 없다. 사람들의 입에서 신호가 나오든 말든 그것은 사라지거나 남겨져 이렇게 된 모든 자유 남녀의 가슴 속에 살아 있는 질문으로 고동친다. 그것은 우리 나라에 부합하는가? 그것을 버리는 것에 불명예스러운 점이 없는 일인가? 그것은 크고 잘 단결되며, 낡은 모델들을 뛰어넘는 자부심과 모든 모델들을 뛰어넘는 관대함을 갖춘, 자라나는 형제들과 연인들의 집단을 위한 것인가? 그것은 오늘 내가 여기에서 사용하라고 들판에서 자라거나 바다에서 나온 신선한 그 무엇인가? 나는 미국인인 나에게 응답하는 것은 내 소재의 일부가 되는 어떤 개인이나 국가에든 응답해야 한다는 것을 알고 있다. 이것은 답하는가? 아니면 그것은 보편적 필요와 아무 관련이 없는 것인가? 아니면 특정 계층의 저개발 사회의 필요에서 비롯된 것인가? 아니면 현대 과학과 형식을 뒤덮은 기쁨의 오래된 요구에서? 이것은 귀에 들리는 절대적인 인정으로 자유를 받아들이고, 노예 상태를 삶과 죽음을 걸고 무화시키는가? 그것은 훌륭한 몸매의 잘생긴 한 남자를 양육하고 한 여자를 그의 완벽하고 독립적인 짝이 되도록 키우는 데 도움이 되는가? 그것은 관습을 발전시키는가? 그것은 공화국의 젊은이들을 양육하기 위한 것인가? 그것은 숱한 아이들의 어머니의 젖꼭지에서 나오는 달콤한 젖으로 쉽사리 해체하는가?[7] 그것은 또한 오래된, 늘 새로운 인내와 공정을 지니고 있는가? 그것은 마지막에 태어난 사람과 고매함을 향해 단련되는 사람들과 심부름꾼과 그들 외부의 모든 강한 공격을 혐오하는 사람들을 똑같은 사랑으로 바라보는가?

다른 시로부터 추출된 시는 아마도 사라질 것이다. 비겁한 사람들은 분명 사라질 것이다. 생명력 있고 위대한 것에 대한 기대는 생명력 있고 위대한 사람들의 행동으로만 충족될 수 있다.

세련되게 반대하는 사람들, 비평가들과 예의 바른 사람들의 무리는 부유하다가 사라져 아무런 기억도 남기지 않는

---

[7] 여기서 사용된 단어 solve는 dissolve를 뜻한다.

다. 미국은 말을 전하는 방문객들을 침착함과 선의로 대비한다. 그들을 보증하고 환영하는 것은 지성이 아니다. 재능 있는 사람들, 예술가들, 독창적인 사람들, 편집자, 정치가, 학식 있는 사람들…… 그들은 인정받지 못한다…… 그들은 저희 자리를 차지하고 저희 일을 한다. 국가의 영혼 또한 제일을 한다. 어떤 가식도 그것을 지나칠 수 없다…… 어떤 가식도 그것을 피할 수 없다. 그것은 아무것도 거부하지 않으며 모든 것을 허용한다. 그것은 자신과 마찬가지로 선한 것을 향해 자신과 유사한 것을 향해 얼마간 전진할 것이다. 개인은 최고의 국가를 이루는 특질들을 지닐 때 국가만큼 최상이다. 가장 크고 가장 부유하며 가장 자부심 강한 국가는 그 나라 시인들의 영혼을 만나러 가는 것이 당연하다. 신호는 적절하다. 실수에 대한 두려움은 없다. 만약 한쪽이 진실하면 다른 한쪽도 진실하다. 시인에 대한 증거란 그가 나라를 따뜻하게 받아들이듯 그의 나라가 그를 그렇게 받아들이는 것에 있다.

서문	5
나 자신의 노래	43
직업을 위한 노래	152
시간에 대해 생각하기	170
잠자는 사람들	183
나는 전기 띤 몸을 노래한다	201
얼굴들	213
응답자의 노래	220
유럽: 이 주들의 72번째와 73번째 해	226
보스턴 발라드	230
나가는 아이가 있었다	235
나의 가르침을 완벽하게 배우는 사람	239
나의 신화들은 위대하다	243
역자 해설 월트 휘트먼: 위대한 시인, 긍정의 다독임	251
월트 휘트먼 연보	263

나 자신의 노래

1
나는 나 자신을 찬양한다,
내가 생각하는 바를 또한 그대가 생각할 터,
내게 속한 모든 원자는 마찬가지로 그대에게 속하므로.

나는 빈둥거리며 내 영혼을 초대한다,
몸을 기대고 편안히 빈둥거린다…… 여름의 풀 잎사귀를 바라보며.

2
집들과 방들은 향기로 가득하다…… 선반들은 향기로 북적인다,
나는 홀로 그 향기를 들이마시며, 그것을 이해하고 좋아한다,
그 증류주가 또한 나를 취하게 할 수 있으나, 나는 그리 되는 것을 허락치 않는다.

대기는 향기가 아니다…… 그것은 증류주의 향취를 지니지
    않으니…… 그것은 무취이다,
그것은 영원히 내 입을 향한다…… 나는 그것을 사랑한다,
나는 숲 가의 강둑으로 가서 어떠한 가면도 쓰지 않고 벌거
    벗는다,
나는 내게 와 닿는 것에 미칠 것 같다.

나 자신의 숨결,
메아리, 잔물결, 웅웅거리는 속삭임…… 미나리,[8] 명주실, 갈
    래와 덩굴,
나의 호흡과 영감…… 내 심장의 박동…… 내 허파를 통과하
    는 피와 공기,
초록 잎사귀들과 메마른 잎들, 해안과, 어두운 바다 바위와,
    헛간 속 건초의 냄새를 맡는 것,
내 목소리가 분출한 어휘들의 소리…… 바람의 소용돌이들
    로 흩어지는 말들,
몇 번의 가벼운 입맞춤…… 몇 번의 포옹…… 감싸 안는 팔들,
나긋나긋한 가지들이 흔들릴 때 나무에서 노니는 빛과 그
    림자,
혼자만의, 혹은 부산한 거리에서의, 들판이나 언덕배기에서
    의 즐거움,

---

8 loveroot. 미나리과 식물인 lovage를 뜻한다. Robert Hass, *Song of Myself and Other Poems by Walt Whitman*(Berkeley: Counterpoint, 2010) 참고.

건강의 느낌…… 한낮의 떨림…… 침대에서 일어나 태양을 만날 때의 나의 노래.

그대는 천 에이커가 많다고 여겼는가? 그대는 이 대지가 대단하다고 여겼는가?
읽는 것을 배우려 그토록 오래 연습해 보았는가?
시의 의미에 도달하여 그토록 자부심을 느껴 보았는가?

이 낮과 밤에 나와 함께 머무르라, 그러면 그대 모든 시의 기원을 갖게 될 터,
대지와 태양의 이득을 누릴 터…… 수백만의 태양이 남아 있으니,
그리고 그대 더 이상 두세 번 쓴 것들을 갖지 않을 터…… 죽은 사람들의 눈을 통해 보지 않고…… 책 속 유령들에게 먹이를 주지 않을 터,
그대 내 눈을 통해 보지 않고, 나로부터 사물들을 취하지 않을 터,
그대 사방에 귀 기울여 그대 자신으로부터 그들을 걸러 내리라.

3
나는 이야기꾼들이 말하는 것을 들었다…… 그것은 시작과 끝에 관한 이야기,
그러나 나는 시작이나 끝에 관하여 말하지 않는다.

지금 있는 것 이상의 시작은 결코 없었고,
지금 이상의 젊음이나 늙음도 없었다,
또한 지금 이상의 완벽함은 없을 것이며,
지금 이상의 천국이나 지옥도 없을 것이다.

충동, 충동, 충동,
변함없는 세계의 생식 충동.

분명치 않은 것에서 반대의 평등함이 전진한다⋯⋯ 변함없는 본질과 증가,
변함없는 정체성의 짜임⋯⋯ 변함없는 구별, 변함없는 생명의 양육.

설명하는 것은 소용없다⋯⋯ 배운 사람과 배우지 않은 사람들은 그것이 그러하다고 느낀다.

가장 분명한 확신으로 확신하며⋯⋯ 꼿꼿하게 수직이 되어,
  열십자로 잘 떠받히고,[9] 빛 속에 안겨,
말처럼 건장하고, 사랑 넘치고, 도도하며, 전기 흐르는,
나와 이 신비로움 우리 여기 서 있다.

깨끗하고 상쾌하다 내 영혼⋯⋯ 또한 깨끗하고 상쾌하다 내

---

9 well entretied. 회반죽을 뜻하는 entrete에서 나온 표현. 목수와 건축공으로 일했던 작가의 경험을 반영한다.

영혼이 아닌 것들 모두가.

부족한 하나는 둘 모두를 부족하게 한다…… 그리고 보이지 않는 것은 보이는 것으로 증명된다,
그것이 보이지 않는 것이 되어 그 반대의 것으로 증명될 때까지.

최상의 것을 드러내고 그것을 최악의 것으로부터 분리하느라 세월은 세월을 괴롭힌다,
완벽한 들어맞음과 사물들의 평등을 알면서도, 그들이 토론하는 동안 나는 침묵하며, 목욕을 하고, 나 자신을 숭배한다.

환영한다, 나의 낱낱의 기관과 속성을, 마음이 따뜻하고 깨끗한 모든 이들이 지닌 그것을,
한 끝도 그 한 끝의 한 부분도 값없지 않으며, 누구도 그 밖의 사람들보다 덜 친숙하지 않으리라.

나는 만족한다…… 나는 보고, 춤추고, 웃고, 노래한다.
하느님이 사랑하는 잠친구로 와서 온 밤 내내 그리고 하루가 흘끗 보이기 시작할 때 내 곁에서 잠을 자고,
넉넉함으로 집을 부풀리는 하얀 타월들, 그 타월들로 덮인 바구니를 내게 남겨 주실 때,
나는 받아들이고 인식하는 것을 연기하고 내 눈앞의 광경에

비명을 질러 대야 할까?
사람들이 길을 따라 살펴보다 시선을 거두는 것에,
정확히 하나의 내용물, 정확히 둘의 내용물, 그중 어느 것이
　　앞서는지,
서둘러 계산하다 내게 한 푼 베푸는 것에?

4
마약꾼들과 거지들이 나를 둘러싼다,
내가 만나는 사람들…… 내 어린 시절…… 내가 사는 구역과
　　도시, 국가가 내게 미치는 영향,
가장 최근의 소식…… 발견, 발명, 사회, 오래되고 새로운 작
　　가들,
나의 저녁 식사, 옷, 친구들, 모습, 일, 표정, 일, 인사, 세금,
내가 사랑하는 어떤 남자와 여자의 실제의 혹은 상상의 무
　　관심,
내 이웃 중 한 사람 혹은 나 자신의 아픔…… 혹은 잘못된 행
　　동…… 혹은 돈의 결핍이나 부족…… 우울증들, 기쁨들,
그들은 밤낮으로 내게로 다가왔다 다시 내게서 떠나간다,
그러나 그들은 나의 *나*가 아니다.

그 끌어당기고 잡아당기는 것과 무관하게 현재의 내가 서
　　있다,
서 있다, 즐거워하며, 만족스럽게, 불쌍히 여기며, 빈둥거리
　　며, 일관되게,

아래를 내려다보고, 몸을 세우고, 알 수 없는 어떤 휴식에 팔을 두르며,
다음에 어떤 일이 일어날까 갸웃거리는 호기심 어린 머리로,
그 게임의 안과 밖 모두를 바라보며, 그리고 그것을 지켜보며, 그것을 궁금해하며.

시간을 거슬러 나는 바라본다, 언어학자들과 경쟁자들과 더불어 안개 속에서 땀 흘리던 나만의 나날들을,
나는 조롱하지도 논쟁하지도 않는다…… 지켜보며 기다린다.

5
나는 내 영혼 너를 믿는다…… 나인 다른 존재는 너에게 스스로를 낮추지 않아야 한다,
또한 너는 다른 존재에게 낮추어서도 안 된다.

풀잎 위에서 나와 함께 건들거려라…… 네 혀로부터 멈춘 것들을 풀어내어라,

말이 아니라, 내가 원하는 음악이나 리듬이 아니라…… 관습이나 강연이 아니라, 심지어는 최상의 것도 아닌,
그저 내가 좋아하는 자장가, 너의 울리는 목소리의 콧노래만을.

나는 우리가 유월, 그 투명한 여름의 아침에 어떻게 누워 있

었는지 기억한다,

너는 네 머리를 내 엉덩이에 비스듬히 내려놓고 부드럽게 내 위에서 몸을 돌렸고,

내 가슴의 셔츠를 풀어 헤치고, 다 드러난 내 가슴에 네 혀를 밀어 넣고,

내 수염을 느낄 때까지, 내 발을 잡을 때까지 다가왔다.

갑자기 일어나 내 주변에 평화와 기쁨, 모든 예술과 대지의 논쟁을 능가하는 지식을 흩뿌렸다,

또한 나는 하느님의 손이 나보다 손위의 손임을 알고,

하느님의 영혼이 내 가장 손위의 형제임을 알며,

이제까지 태어난 모든 사람은 또한 나의 형제임을…… 그리고 여자는 나의 누이이며 연인임을,

창조물의 골조는 사랑임을,

딱딱하든 들판에서 축 늘어진 것이든 잎사귀들은 무한하다는 것을,

그 아래 조그만 우물 안 갈색 개미들,

울타리의 이끼 낀 부목들, 돌무더기들, 양딱총나무와 금어초[10]와 자리공이 무한하다는 것을 안다.

6

한 아이가 물었다, 풀잎이 뭐예요? 손안 가득 그것을 가져와

---

10 mullen. 북미 지역에서 자라는 Snapdragon의 일종. 『풀잎』의 1881년 판에서 mullein으로 수정되었다.

내밀면서.
내가 그 애에게 무어라 답할 수 있을까…… 그것이 무엇인지
 그 애가 알지 못하듯 나도 알지 못하는데.

나는 그것이 내 기분의 깃발, 희망찬 초록 뭉치들로 직조된
 깃발이 분명하다고 생각한다.

아니면 나는 그것이 하느님의 손수건이라고 생각한다,
향기로운 선물이자 일부러 떨어뜨려 추억을 떠올리게 하는,
한구석 어디엔가 그 주인의 이름을 간직하고 있어 그것을
 본 우리가 누구 것이지? 하고 묻게 되는 그런 것.

아니면 나는 풀잎은 아이 그 자체라고…… 식물로 만들어진
 아이라고 생각한다.

아니면 나는 그것이 불변의 상형 문자라고 여긴다,
그리고 그것은, 넓은 곳에서든 좁은 곳에서든 똑같이 피어
 나며,
흑인들 사이에서, 마치 백인들 사이에서처럼,
프랑스계 캐나다인, 버지니아 사람, 하원 의원들, 아프리카
 출신 미국인들 사이에서처럼 자라난다는 것, 내가 그들에
 게 똑같이 주고 똑같이 받는다는 것을 의미한다.

그래서 지금 그것은 내게 깎이지 않은 아름다운 죽음의 머

리칼로 보인다.

나 너 둥근 풀잎을 부드러이 사용하겠다,
아마도 너는 젊은 사람들의 가슴에서 비롯되었을 것이다,
아마도 내가 그들을 알았다면 나는 그들을 사랑했을지도 모른다,
너는 나이 든 사람들과 여성들로부터, 그들 어머니들의 무릎에서 곧장 받은 후손들에게서 비롯되었을 것이다,
그리하여 너는 이곳에서 어머니들의 무릎인 것이다.

이 풀잎은 나이 든 어미들의 하얀 머리에서 비롯되어 무척 어둡다,
늙은 남자들의 무채색 수염보다도,
붉고 흐릿한 입천장 아래에서 비롯된 어두움이다.

아 나는 결국 이렇게나 많은 말들을 안다!
그리고 나는 그것들이 그저 공짜로 입천장에서 나온 것이 아님을 안다.

죽은 젊은 남녀들에 대한 암시를 내가 번역할 수 있다면,
나이 든 남자들과 어미들, 그들의 무릎에서 곧장 나온 후손들에 대한 암시들 또한.

당신은 젊은이들과 나이 든 이들이 무엇이 되었다고 생각하

는가?
그리고 여성들과 아이들은 어떻게 되었다고 생각하는가?

그들은 살아 있고 어딘가에서 잘 지낸다,
가장 작은 새싹이라 할지라도 진정 죽음이 없다는 것을 보여 준다,
설령 존재한다 해도 죽음은 삶을 앞으로 나아가도록 이끌었고, 그것을 붙잡으려고 종점에서 기다리지 않는다,
그래서 삶이 나타난 순간 멈추었다.

모든 것이 앞으로, 밖으로 나아간다…… 아무것도 무너지지 않는다,
그래서 죽는다는 것은 어떤 이가 생각했던 것과는 다르다, 더 운 좋은 것이다.

7
누가 태어난 것이 행운이라 생각해 보았나?
나는 죽는 것이 행운인 것처럼 그 또한 행운이라고 사람들에게 서둘러 일러 주고, 그것을 안다.

나는 죽어 가는 사람들과 죽음을 지나고, 새로 씻긴 아기들과 탄생을 지난다…… 그리고 내 모자와 구두 사이에 갇히지 않고,
여러 겹의 목적들을 살핀다, 똑같은 둘은 없다, 하나같이 선

하다,
대지는 훌륭하며, 별들은 아름답고, 그들에게 속한 것은 무엇이나 좋다.

나는 대지가 아니며 대지에 부속된 것도 아니다,
나는 사람들의 짝이며 친구이고, 모두가 나와 마찬가지로 불멸의 헤아릴 수 없는 존재다,
그들은 어찌하여 불멸인지 알지 못하지만, 나는 안다.

모든 부류, 그 자체, 그 자신을 위한…… 나를 위한 나의 것 남성과 여성,
나를 위한 남자아이였고 여성들을 사랑하는 모든 것,
나를 위한 자부심 있는, 그래서 무시되는 것이 얼마나 아픈지를 느끼는 남자,
나를 위한 연인과 나이 든 여자…… 나를 위한 어머니들과 어머니들의 어머니들,
나를 위한 미소 짓는 입술들, 눈물 흘리는 눈들,
나를 위한 아이들과 아이들을 낳는 사람들.

누가 통합을 두려워하는가?
벗어라…… 너는 내게 죄가 없고, 썩지도 버려지지도 않는다.
나는 옷감과 바둑판무늬로 그런지 아닌지를 본다,
그리고 나는 주변에 있으며, 고집스럽고, 탐내며, 지치지 않는다…… 그리고 결코 떨어져 나갈 수 없다.

8

어린것이 요람 속에 잠들어 있다,
나는 망사를 들고 오랫동안 바라보다, 말없이 손으로 파리
   들을 내쫓는다.

어린아이들과 붉은 얼굴의 소녀가 덤불진 언덕에 나타나고,
나는 꼭대기에서 그들을 뚫어질 듯 바라본다.

자살한 사람이 피 흥건한 침실 바닥에 사지를 뻗고 누워 있다,
그렇다…… 나는 그 시체를 목격했다…… 거기 총이 떨어져
   있는 것을.

길거리에서의 한가로운 이야기…… 마차 바퀴와 신발창의
   쏠림과 산책객들의 이야기,
무거운 마차, 신호하듯 엄지손가락을 추켜올리는 운전사,
   화강암 바닥 위의 말발굽 소리,
썰매 대회, 큰 소리로 울려 퍼지는 농담과 눈싸움,
인기 있는 사람들에게 쏟아지는 환호…… 흥분한 군중의
   소란,
가린 쓰레기의 펄럭거림 ― 그 안의 병든 사람, 병원으로 실
   려 간다,
적들과의 만남, 갑작스러운 맹세, 일격과 패배,
흥분한 군중 ― 재빨리 군중의 중심으로 길을 내는 별 모양
   의 훈장을 단 경찰,

그렇게나 많은 반향을 받아들이고 되돌리는 무감각한 돌멩
 이들,
따라 움직이는 영혼들…… 그들은 보이지 않는 것인가, 돌멩
 이의 아주 작은 원소조차 눈에 띄는데?
과다 영양이거나 반쯤 굶어서 깃발 위에 쓰러진 사람들의
 어떤 신음이 태양에 아로새겨지거나 노래가 되는지,
갑작스레 관계를 맺게 되어 서둘러 집에 가서 아기를 낳은
 여자들의 어떤 절규들이,
살아 있으면서 묻힌 어떤 말들이 늘 이곳에서 울려 퍼지는
 지…… 어떤 울부짖음이 예법에 억눌렸는지,
죄지은 자들, 보잘것없는 자들에 대한 체포, 제안받은 불륜,
 수용, 입술을 삐죽대며 거절하는 것,
나는 그런 것들이나 그런 것들의 울림에 신경 쓴다…… 나는
 오고 또 온다.

9
시골 외양간의 커다란 문이 열리고 준비를 갖춘다,
추수기의 마른풀들이 느리게 끄는 마차에 실린다,
투명한 빛이 갈색 회색 초록색으로 얽혀 물든 것들 위에서
 노닌다,
팔 안 가득 늘어진 건초 더미들이 쌓인다.
나는 그곳에 있다…… 나는 돕는다…… 나는 더미들 꼭대기
 로 와서 몸을 뻗었다,
나는 그 부드러운 덜컹거림을 느꼈고…… 다리 한쪽을 다른

한쪽 위에 기댔다,

나는 가로대에서 뛰어내려 클로버와 티머시[11] 들을 움켜쥔다,

그러고는 발뒤꿈치로 머리를 굴려, 짚 뭉치 가득한 내 머리 칼을 엉클어뜨린다.

10

멀리 들판과 산들에서 나는 홀로 사냥한다,

나 자신의 가벼움과 즐거움에 놀라며 헤매 다닌다,

늦은 오후 밤 지낼 은신처를 택하고,

불을 지펴 갓 잡은 사냥물을 구우며,

잎들을 모아 깔고 곤히 잠든다, 사냥개와 총을 곁에 두고.

양키 쾌속선이 세 개의 돛을 달고 달리며…… 섬광과 물거품[12] 을 가른다,

내 눈은 육지에 닻을 내리고…… 나는 뱃머리로 몸을 숙이거나 갑판에서 기뻐 소리 지른다.

선원들과 조개잡이들은 나를 위해 일찌감치 일어나 일을 멈췄고,

나는 바지 자락을 신발 속에 구겨 넣고 가서 즐거운 시간을 보냈다,

---

11 timothy. 유라시아 지역이 원산지인 다년생 허브의 일종.
12 sparkle and scud. 햇살이 바다 위에 닿아 빚는 반짝임과 바닷물에서 바람이 일으키는 물거품.

당신도 그날 우리와 조개 스튜 앞에 둘러앉았으면 좋았을
　것을.

나는 멀리 서쪽에서 덫 놓는 사냥꾼의 야외 결혼식을 보았
　다…… 신부는 뺨 붉은 소녀였고,
그녀의 아버지와 친구들은 곁에서 다리를 꼬고 멍하니 담배
　를 피우며 앉아 있었다…… 그들은 모카신을 신고 어깨에
　크고 두꺼운 담요를 두르고 있었다.
덫 사냥꾼은 강둑에서 빈둥거렸고…… 거의 가죽 옷을 두른
　차림으로…… 무성한 턱수염과 구불거리는 머리카락이
　그의 목을 보호하고 있었다,
한 손으로 총을 들고, 다른 한 손으로 뺨 붉은 소녀의 허리
　를 단단히 잡고 있었다,
그녀는 기다란 눈썹에…… 머리에 아무것도 쓰지 않고……
　거칠고 뻣뻣한 머리 타래는 육감적인 사지를 타고 흘러내
　려 발까지 닿아 있었다.

도망친 노예가 내 집으로 찾아와 집 밖에 멈춰 섰다,
그가 움직일 때마다 나무 더미에서 잔가지들이 탁탁 소리를
　냈다,
반쯤 열린 부엌문 사이로 나는 절름거리는 가냘픈 그를 보
　았다,
그리고 나는 나무둥치에 앉아 있는 그에게 가서 그를 집 안
　으로 들이고 마음을 달랬다,

그리고 물을 주고 땀 흘린 몸과 상처 입은 발을 닦도록 물을 받았다,

그리고 내 방과 통하는 방을 그에게 내주고 두툼하고 깨끗한 옷을 주었다,

또한 나는 휘둥그레 둘러보던 그의 눈과 그 어색한 태도를 빠짐없이 기억한다,

그의 목과 발목의 상처에 반창고를 붙여 준 것을 기억한다.

그는 나와 일주일을 머물다 몸이 회복되자 북으로 향했다,

나는 식탁에서 그를 내 옆에 앉혔다…… 내 총을 구석에 기대 놓았다.

11

스물여덟 명[13]의 젊은이들이 강가에서 목욕을 하고 있다,
스물여덟 명의 젊은이들, 모두 그렇게나 정답다,
스물여덟 해의 여성적 삶, 그리고 그렇게나 외로운 모두.

그녀는 강둑이 솟아오른 곳에 아름다운 집을 갖고 있다,
그녀는 창문 뒤에 풍요로운 옷차림으로 숨어 있다.

그녀는 그 젊은이들 중 누굴 가장 좋아할까?
아, 그들 중 가장 소박한 이가 그녀에게 어여쁘다.

---

13 달의 여신 이시스 Isis가 스물여덟 명의 청년들의 호위를 받는다는 신화와 관련된다. 이시스는 하루에 한 명씩 돌아가며 자신을 호위하게 했다고 한다.

아가씨여, 그대 어디로 가는가요? 내 그대를 보아하니,
그대 거기 물속에서 첨벙거리는데, 그러지 말고 방에 가만
 히 있어요.

해안가를 따라 춤추고 웃으며 스물아홉 번째 목욕꾼이 왔다,
다른 젊은이들은 그녀를 보지 못했지만, 그녀는 그들을 보
 았고, 그들을 사랑했다.

젊은이들의 턱수염이 물기로 반짝였고, 물기가 기다란 머리
 카락에서 흘러내렸으며,
작은 시냇물이 그들의 온몸을 지나갔다.

보이지 않는 손 역시 그들 몸을 지나갔다,
그들의 관자놀이와 갈비뼈로부터 떨며 내려갔다.

젊은이들은 물 위에 누워 떠다닌다, 하얀 배들은 태양을 향
 해 부풀어 오른다…… 그들은 누가 그들을 꼭 붙잡고 있
 는지 묻지 않는다,
그들은 누가 펜던트와 구부린 아치로 장식하고 헐떡이며 거
 부하는지 알지 못한다,
그들은 자신들이 물을 뿌려 적시는 이가 누구인지 생각지
 않는다.

12

푸줏간 소년이 도살한 가죽을 벗긴다, 혹은 시장 진열대에서 칼을 간다,
나는 그의 입담과 춤추듯 발을 서서히 끌다 재빨리 움직으는 모습[14]을 즐기며 빈둥거린다.

그을린 털북숭이 가슴의 대장장이들이 모루를 둘러싼다,
각자 자기 망치를 갖고 있다…… 모두 밖으로 나와…… 불 가운데서 엄청나게 두드린다.

석탄 부스러기가 흩뿌려진 문턱에서 나는 그들의 움직임을 좇는다,
그들 허리의 나긋나긋한 만곡(彎曲)이 단단한 팔마저 가지고 논다,
위에서부터 아래로 망치들이 구른다 — 위에서부터 아래로 너무나 느리게 — 위에서부터 아래로 너무나 확실하게,
그들은 서두르지 않는다, 각자 자기 자리에서 내리친다.

13

흑인이 네 마리 말의 고삐를 단단히 잡고 있다…… 나무 덩이가 사슬에 묶인 채 아래에서 흔들린다,
흑인은 돌 마당 같은 커다란 마차를 몬다, 가만히 큰 키로

---

14 shuffle and breakdown. 춤을 출 때의 발동작을 묘사한 말.

서서 막대[15]를 잡고 한 발로 선다,
그의 푸른 셔츠는 그의 부드러운 목과 가슴을 드러내 보이며 엉덩이까지 느슨하게 늘어져 있다,
그의 시선은 고요하고 당당하다…… 그는 모자챙을 이마에서 위로 살짝 튕긴다,
태양이 그의 곱슬거리는 머리칼과 턱수염에…… 그의 검고 매끄럽고 완벽한 팔다리에 내려앉는다.

나는 그 그림 같은 거인을 보고 그와 사랑에 빠진다…… 그리고 나는 거기서 멈추지 않는다,
나도 그 무리와 함께 간다.

내 안에서 삶을 애무하는 자가 사방으로 움직인다, 앞으로뿐 아니라 뒤로도 흔들리며,
옆 틈으로 손아래에게 굽히며.

굴레를 흔들거나 그늘 속에서 걸음을 멈추는 황소들아, 너희가 너희 눈으로 표현하는 것이 무어냐?
내게 그것은 살면서 읽었던 모든 인쇄물들 이상으로 보인다.

내 발길은 먼 길을 하루 종일 소요하며 수오리와 원앙을 겁준다,

---

15 stringpiece. 형태를 잡아 주는 기다란 나뭇조각.

그것들은 함께 일어나고, 천천히 주변을 에워싼다,
······나는 그것들 날개 있는 것들의 목적을 믿는다,
그리고 내 안에서 희희낙락하는 붉고 노랗고 하얀 것들을 인정한다,
초록과 보라의 술 장식된 왕관을 의도적이라 여긴다,
거북이가 다른 무엇이 아니므로 그것을 가치 없다 말하지 않는다,
늪지대의 흉내지빠귀는 결코 음계를 연구한 적이 없지만, 여전히 내게 아름답게 지저귄다,
적갈색 말의 표정이 내 바보스러움을 부끄럽게 만든다.

14
야생 거위가 서늘한 밤사이 제 무리를 이끈다,
야호! 하고 말한다, 내게 그 소리는 마치 초대하는 것처럼 들린다,
그 씩씩한 놈들은 그것이 의미 없다 여길지 모르지만, 나는 더 가까이 가서 듣고,
그 목적을 알아차리고는 십일월 하늘에 가까운 그곳에 자리를 잡는다.

발굽이 날카로운 북부 말코손바닥사슴, 집 문턱의 고양이, 박새, 대초원의 모르모트,
엄마 돼지의 젖꼭지를 찾는 새끼 돼지들,
암컷 칠면조의 한배 새끼들과 반쯤 날개 펼친 어미 칠면조,

나는 그들과 나 자신 안에서 똑같이 오래된 법칙을 본다.

대지에 닿는 내 발의 압력은 수많은 애정을 샘솟게 하나,
그들은 자신들을 설명하려는 내 최상의 언어조차 경멸한다.

나는 밖에서 자라나는 것들에 매혹된다,
또한 들소 사이에 살면서 바다나 숲을 맛보는 사람들에게,
건물을 짓는 사람들, 배를 움직이는 사람들, 모루와 망치를
 다루는 사람들에게, 말을 모는 사람들에게 매혹된다,
나는 안에서든 밖에서든 그들과 함께 먹고 자며 평일을 보
 낼 수 있다.

가장 평범하고 가장 값싸고 가장 가까우며 가장 손쉬운 것
 이 나다,
나, 내 우연을 향해 나아가며 거대한 보상을 위해 소비하는,
나를 취하는 맨 처음 된 이에게 나 자신을 맡기기 위해 꾸
 미는,
하늘에서 내 선의로 내려오라고 요청하지 않고,
나의 선의를 마음대로 영원히 흩뿌리는, 나.

15
맑은 음성의 알토 가수가 오르간에 맞춰 노래한다,
목수는 널을 대고…… 그의 막대패의 혀는 거칠게 솟는 혀짤
 배기소리로 휘파람을 분다,

결혼한 사람들과 아직 결혼하지 않은 아이들은 추수 감사절 저녁 식사를 향해 집으로 달린다,

항해사는 가장 큰 밧줄걸이를 잡고 강한 팔뚝으로 움직여 나간다,

그 동료는 고래잡이배에서 버팀대를 괴고 서 있다, 창과 작살은 준비되어 있다,

오리 사냥꾼은 말없이 조심스럽게 긴장하며 걸어간다,

부제들은 제단에서 십자가를 그려 성직을 받는다,

창녀는 커다란 바퀴 소리에 맞추어 물러섰다 다가온다,

농부는 일요일에 선로 차단봉[16] 옆에 서서 귀리와 보리를 바라본다,

정신 이상자는 확진된 경우 결국 정신 병원으로 실려 간다,

그는 더 이상 어머니 침실의 아기 침대에서처럼 잠들지 못하리라,

회색 머리와 말라빠진 턱을 가진 신문 인쇄공은 그의 식자용 상자로써 일을 한다,

담배를 돌려 물고, 눈은 원고로 흐릿하다.

기형의 사지는 해부학자의 테이블에 묶인다,

제거된 것은 끔찍하게도 통 속으로 떨어진다.

쿼드룬[17] 소녀는 가판대에서 팔려 나가고······ 주정뱅이는 술집 난로 옆에서 꾸벅거린다,

기계 수리공은 소매를 걷어붙이고······ 경찰관은 담당 구역

---

16 bars. 선로 건널목의 차단봉을 가리킨다.
17 quadroon. 흑인의 피가 4분의 1인 흑백 혼혈.

을 돌아다니고…… 문지기는 누가 지나는지 기록한다,
젊은이는 급행 마차를 몰고…… 나는 그를 모르지만 그를 사랑한다,
잡종견은 경주에서 뛰기 위해 가벼운 구두에 묶여 있다,
서부 칠면조 사냥은 늙은이들과 젊은이들을 끌어모은다……
몇몇은 총에 기대 있고 몇몇은 나무 등걸에 앉아 있다,
군중들 사이에서 사격수가 나타나 자리를 잡고 총을 겨눈다.
새로 온 이민자들 무리가 부두나 제방을 덮는다,
양털머리[18]들은 설탕 밭에서 괭이질하고, 감독관은 안장 위에서 그들을 바라본다,
무도장에서 나팔 소리가 울리고, 신사들은 자기 짝을 찾아 달려가고, 춤추는 사람들은 서로에게 인사한다,
젊은이들은 삼나무 지붕의 다락방에 누워 음악 같은 빗소리에 귀를 기울인다,
미시간 주 출신 사람들은 휴런 호를 채우는 데 일조하는 개울에 그물을 설치한다,
개혁가는 연단에 오른다, 입과 코에 거품을 문다,
사람들은 산책에서 돌아오고, 검둥이들은 궁둥이를 들어 잘 맞는 과녁이 된다,
노란 테두리의 옷을 걸친 인디언족 여자들은 모카신과 구슬 가방을 사라 한다,
감정가는 반쯤 감은 눈으로 옆을 흘깃거리며 전시장을 따라

---

18 woollypates. 흑인 노예들을 뜻한다.

간다,

갑판원들은 증기선을 서둘러 움직이고, 호수로 가는 승객들을 위해 널이 놓인다,

어린 여동생은 실타래를 펼치고 언니는 그것을 공에 감으면서 가끔 매듭을 짓느라 멈춘다,

아내가 된 지 1년 된 여자는 원기를 차리고 행복해한다, 일주일 전에 첫 아기를 낳은 것이다,

매끈한 머리칼의 양키 소녀는 자기 재봉틀로, 아니면 공장에서, 아니면 방앗간에서 일을 한다,

사라진 9개월은 분만실에 있고 그녀의 어지러움과 고통은 점점 다가온다,

도로 포장 인부는 손잡이 두 개짜리 다짐기에 기대 서 있고 — 기자의 톱뉴스는 노트 위로 재빨리 날아가고 — 간판장이는 빨간색과 금색으로 글자를 쓴다,

운하를 오가는 소년은 배 끄는 길 위에서 종종걸음을 치고 — 책방 주인은 책상에서 계산하고 — 구두 수선공은 실에 왁스를 칠한다,

지휘자는 악단의 박자를 맞추고 연주자들은 모두 그를 따른다,

어린아이는 세례를 받는다 — 개종은 최초의 고백이다,

보트 경주는 만에서 펼쳐진다…… 하얀 돛들이 어찌나 반짝이는지!

가축상은 제 가축들을 지켜본다, 그는 이탈할지도 모를 그들에게 노래를 불러 준다,

행상인은 등에 짐을 지고 땀을 흘린다 — 물건 사는 사람은 우수리 푼돈에 흥정을 한다,

카메라와 감광판은 준비되어 있다, 부인은 은판 사진을 찍기 위해 앉아야 한다,

신부는 하얀 드레스의 주름을 편다, 시계의 분침은 천천히 움직인다,

아편쟁이는 경직된 머리와 그저 열린 입술을 삐뚜름히 하고 있다,

창녀는 숄을 질질 끌며, 그녀의 리본 달린 모자는 비틀거리는 여드름투성이 목에서 까딱거린다,

군중들은 그녀의 상스러운 욕지거리에 웃음을 터트린다, 남자들은 비아냥거리며 서로 눈짓을 한다,

(비참하다! 나는 네 욕지거리에 웃지도 않으며 너를 비웃지도 않는다,)

대통령은 내각 회의를 연다, 그가 위대한 장관들에 둘러싸인다,

광장에서는 다섯 명의 사이좋은 부인들이 팔짱을 끼고 걷고 있다,

생선 냄새 풍기는 선원들은 선창에 넙치들을 계속 차곡차곡 쌓고 있다,

미주리 사람은 도기들과 소들을 나르며 평원을 건넌다,

요금 징수원은 기차를 통과한다 — 그가 잔돈을 딸랑거려 이목을 끈다,

바닥 까는 인부는 바닥을 놓고 있고 — 함석공은 지붕에 함

석을 입히고 있고 — 벽돌공은 회반죽을 청하고 있다,

제각기 회반죽 통을 들쳐 메고 인부들을 향해 한 줄로 지나간다,

서로 추적하는 계절들 말로 표현할 수 없는 군중들이 모여든다…… 오늘은 7월 4일…… 대포와 약간의 무기들로 경례!

서로 추적하는 계절들 쟁기는 땅을 갈고 풀 베는 기계는 풀을 베고 겨울 곡식은 땅에 떨어진다.

저 멀리 호수 위에서 창꼬치잡이들은 얼어붙은 호수 표면에 구멍을 내고 지켜보며 기다린다,

나무둥치들은 개간지 주변에 꽉 차 있고, 무단 거주자는 도끼로 깊이 내리친다,

평저선[19] 선원은 목화 숲이나 담비나무 가까이 어스름 쪽으로 빠르게 나아간다,

너구리 사냥꾼들은 지금 레드 강 유역, 혹은 테네시에서 물이 빠지는 지역, 혹은 오리건 지역을 지나고 있다,

횃불들은 채터후치 강, 혹은 알타마하 강[20]에 드리운 어둠 속에서 빛난다,

가장들은 아들들과 손자들과 증손자들과 함께 저녁 식탁에 빙 둘러앉아 있다,

진흙 벽과 천으로 싸인 천막 속에서 사냥꾼들과 덫 사냥꾼들이 하루 사냥을 마치고 쉬고 있다,

도시는 잠들어 있고 시골도 잠들어 있다,

---

19 밑바닥이 평평한 배.
20 Chattahoochee, Altamahaw. 조지아 주에 있는 강들이다.

그들의 때에 맞는 삶의 잠…… 그들의 때에 맞는 죽음의 잠,
나이 든 남편이 아내 곁에서, 젊은 남편이 아내 곁에서 잠을
 잔다.
그리고 이 모든 것이 나를 향해 오고, 나는 그들을 향해 간다,
그리고 그와 같은 것이 다소간 현재의 나인 것이다.

16
나는 늙으면서 젊고, 현명한 만큼 바보스러운 사람이다,
다른 사람들에게 관심이 없고, 다른 사람들에게 늘 관심을
 기울이며,
부성적이면서 모성적이고, 어른이듯 아이이며,
거친 것들로 가득 차 있고, 좋은 것들로 가득 차 있다,
위대한 국가, 가장 작다 해도 똑같고, 가장 크다 해도 똑같
 은 많은 국가들 중 한 국가의 한 사람,
북부 사람이듯 남부 사람이며, 무관심하면서 친절한 농장주,
나 자신의 방식에 얽매인…… 주고받을 준비가 되어 있는
 양키…… 내 관절, 이 세상에서 가장 유연한, 가장 단단한
 관절,
내 사슴 가죽 구두를 신고 엘크혼[21]의 계곡을 넘어 걸어가는
 켄터키 사람,
호수나 만 혹은 해안을 따라가는 선원…… 인디애나 사람,
 위스콘신 사람, 오하이오 사람,

---

21 Elkhorn. 네브래스카 주의 강.

루이지애나나 조지아 사람, 모래 언덕과 소나무 숲에서 온, 이리저리 빈둥거리며 돌아다니는 사람,

캐나다의 눈 신을 신어서, 혹은 숲 속에서, 혹은 뉴펀들랜드의 어부들 곁에서 편안한 사람,

달리는 냉동선 안에서, 휴식을 취하고 돛을 돌리며 편안한 사람,

버몬트의 언덕 위, 메인의 숲 속, 텍사스의 목장에서 편안한 사람,

캘리포니아 사람들의 친구…… 자유로운 북서부 사람들의 친구, 그들의 커다란 규모를 사랑하는,

뗏목공들과 광부들의 친구 ― 악수를 나누고 술과 고기를 즐겨 먹는 모든 이들의 친구,

가장 간단한 것도 배우는 사람, 가장 고심한 것을 가르치는 사람,

숱한 계절들, 모든 빛깔과 일과 등수, 모든 계급과 종교,

신세계는 물론이고 아프리카, 유럽, 아시아…… 그것들을 이제 막 경험하는 신출내기, 방황하는 미개인,

농부, 기술자 혹은 예술가…… 신사, 선원, 연인 혹은 퀘이커 교도,

죄수, 정부, 싸움꾼, 변호사, 의사 혹은 성직자.

나는 나 자신의 성향보다 더 나은 것을 거부한다,
그리고 대기를 호흡하며 내 뒤에 많은 것을 남긴다,
막히지 않으며, 나의 장소에 존재한다.

나방과 물고기 알들이 그들의 자리에 있다,
내가 보는 태양과 내가 볼 수 없는 태양이 그들의 자리에 있다,
손으로 만질 수 있는 것이 그 자리에, 손으로 만질 수 없는 것이 그 자리에 있다.

17

이러한 생각들은 모든 시대 모든 땅에서 모든 사람들이 했던 생각들, 그것들은 내 고유한 것이 아니다,
만약 그것들이 내 생각이자 동시에 당신 생각이 아니라면 그것들은 무(無)이거나 무(無)에 가깝다,
만약 그것들이 모든 것을 포괄하지 않는다면 그것들은 무(無)에 가깝고,
그것들이 수수께끼이자 동시에 수수께끼 풀이가 아니라면 그것들은 무(無)이다,
또한 그것들이 멀리 있으면서 동시에 가까이 있지 않다면 그것들은 무(無)이다.

이것은 땅과 물이 있는 곳이면 어디서든 자라는 풀이다,
이것은 지구를 가득 채우는 흔하디흔한 공기다.

이것은 법률의 숨결이며 노래이며 행동이다,
이것은 영혼의 맛없는 물이다…… 이것은 참된 내용이다,
그것은 문맹자들을 위한 것이며…… 대법원의 판사들을 위

한 것이며…… 연방 정부의 수도와 주 정부의 수도를 위한 것이다,

또한 문학가들, 작곡가들과 가수들, 강연자들과 엔지니어들, 석학들[22]을 위한 것,

노동자들과 농부들, 어부들과 같은 헤아릴 수 없는 사람들을 위한 것이다.

18

이것은 천 개의 맑은 코넷의 울림, 피콜로의 날카로운 소리, 트라이앵글을 때리는 소리다.

나는 승리자들만을 위해 행진곡을 연주하지 않는다…… 나는 정복당한 자들과 살해당한 이들을 위해 우렁찬 행진곡을 연주한다.

당신은 싸움에서 이기는 것이 좋은 것이란 말을 들어 본 적 있는가?
나는 패배하는 것이 좋다고 말하기도 한다…… 싸움은 이기는 것과 똑같은 정신으로 패배한다.

나는 죽은 자들을 위해 승리의 북소리를 낸다…… 나는 취구들로 아주 크고 가장 즐거운 음악을 그들에게 불어 젖힌다,

---

22 savans. 〈학식 있는 사람들〉, 〈학자들〉을 뜻하는 savants를 변형한 것.

패배한 자들을 위해, 타고 있던 전함이 바다에 가라앉은 이
 들을 위해, 자신들도 바다에 빠진 이들을 위해 만세,
또한 약속을 지키지 못한 모든 장군들, 모든 패배한 영웅들,
 이름이 알려진 가장 위대한 영웅들에 버금가는 수많은 무
 명의 영웅들을 위하여 만세.

19

이것은 기분 좋게 차린 식사⋯⋯ 이것은 자연스러운 허기에
 알맞은 고기이며 술,
이것은 올바른 사람들과 마찬가지로 사악한 사람들을 위한
 것⋯⋯ 나는 모두에게 약속한다,
나는 단 한 사람도 무시하거나 떨쳐 버리지 않을 것이다,
첩과 식객, 도둑 모두 이곳에 초대받는다⋯⋯ 도발적인 입술
 의 노예가 초대받는다⋯⋯ 성병 감염자가 초대받는다,
그들과 다른 이들 사이에는 아무런 구별도 없을 것이다.

이것은 숫기 없는 손의 내리누름⋯⋯ 이것은 머리카락의 흩
 날림이며 향기,
이것은 나의 입술이 당신의 입술에 닿는 것⋯⋯ 이것은 갈망
 의 웅얼거림,
이것은 나 자신의 얼굴을 비추는 멀찍한 깊이와 높이,
이것은 나 자신의 사려 깊은 통합, 또 한 차례의 분출.

당신은 내가 복잡한 목적을 갖고 있다 여기는가?

글쎄 갖고 있을는지도…… 사월의 비가 갖고 있듯…… 바위 한쪽의 쥐가 갖고 있듯.

내가 놀라게 할 것이라 여기는가?
햇살이 놀라게 하는가? 아니면 이른 아침 딱새가 숲에서 지저귀는 것이?
내가 그들보다 더 놀라게 하는가?

이 시간 나는 자신 있게 말한다,
모두에게 말하지는 않지만 당신에게 말한다.

20
거기 가는 이 누구인가! 갈망하고, 상스럽고, 신비롭고, 벌거벗은 이는?
나는 어떻게 내가 먹은 고기에서 힘을 얻는가?

그건 그렇고 사람은 무엇인가? 나는 무엇인가? 그리고 당신은 무엇인가?
나 자신의 것이라고 내가 표기하는 것 모두를 당신은 당신의 것으로 보충한다,
그렇지 않으면 내 말에 귀를 기울이는 것은 시간 낭비였으리라.

나는 세상 사람들에게 볼멘소리로 불평하지 않는다,

세월은 진공 상태이며 맨땅이나 수렁이며 오물통이라고,
삶은 한 번 빨고 팔아 버리는 것이라고, 마지막에 남는 것은
 아무것도 없고 그저 다 떨어진 상복과 조각들뿐이라고.

상이군인들에게 줄 약봉지를 갖고[23] 훌쩍이고 굽실거리는……
 복종은 사촌[24]에게나 주고,
나는 안에서나 밖에서나 제멋대로 삐딱이 모자를 쓴다.

내가 기도하게 될까? 내가 공경하며 의식을 치르게 될까?
나는 지층을 파고들어 머리카락 한 올까지 분석했다,
의사들과 상의했고 치밀하게 계산했고 내 뼈에 달라붙어 있
 는 것 이상으로 좋은 지방은 찾지 못했다.

나는 모든 사람들 속에서 그보다 크지도, 보리 이삭만큼 작
 지도 않은 나 자신을 본다,
그리고 내가 나 자신에 대해 좋게 또 나쁘게 말하는 것만큼
 그들에 대해 말한다.

나는 내가 단단하며 건전하다는 것을 안다,
우주의 무리를 이루는 대상들이 끊임없이 나를 향해 흐른다,
모든 것이 나에게 쓰이고, 나는 그 글들이 의미하는 바를 받
 아들여야 한다.

  23 fold with powders for invalids. 약을 종이에 싸서 주는 것을 말한다.
  24 the fourth-removed. 〈매우 먼 관계〉를 뜻한다.

그리고 나는 내가 불사의 존재임을 안다,
나의 이 궤적이 어느 목수의 컴퍼스로 지워질 수 없음을,
어린애가 밤중에 불붙인 막대기로 조각한 장식 조각처럼 내가 사라지지는 않을 것임을 안다.

나는 내가 당당하다는 것을 안다,
나는 내 영혼 자체를 변호하거나 이해받기 위해 애쓰지 않는다,
나는 기본적인 법칙들은 결코 변명의 여지가 없음을 이해한다,
나는 나란 이가 결코 내가 집을 지은 그 지면보다 거만하게 행동하지 않음을 인식한다.

나는 내가 존재하는 것 그대로 존재한다, 그로써 족하다,
이 세상의 다른 누구도 내가 만족스럽게 앉아 있음을 의식하지 않는다 해도,
또한 모두가 하나같이 의식한다 해도 나는 만족스럽게 앉아 있다.

한 세상이 알고 있는바, 이제까지 나에게 가장 큰 것, 그것은 바로 나 자신이다,
내가 오늘 나 자신이 되든지 만 년 혹은 수백만 년 후에 그리 되든지,
나는 지금 그것을 즐거이 받아들일 수 있다, 혹은 똑같은 즐

거움으로 기다릴 수 있다.

내 발 딛는 곳은 화강암 속에서 장부로 연결되어 있다,
나는 당신이 분해라고 부르는 것을 비웃는다,
그리고 나는 시간의 크기를 안다.

21
나는 육체의 시인이다,
또 나는 영혼의 시인이다.
천국의 기쁨이 나와 함께하며, 지옥의 고통이 나와 함께한다,
나는 최초의 것을 나 자신에게 접목시키고 점점 더 증가시
 키고…… 이후의 것을 새로운 언어로 번역한다.

나는 남자로서 시인인 것처럼 여자로서 시인이다,
그리고 나는 남자인 것이 위대하듯 여자인 것이 위대하다고
 말한다,
또한 나는 인간의 어머니보다 더 위대한 것은 없다고 말한다.

나는 팽창과 자부심의 새로운 찬가를 부른다,
우리는 충분히 굽실거리고 헐뜯어 왔다,
나는 크기란 그저 발전임을 보여 준다.

당신은 나머지 사람을 능가했는가? 당신은 대통령인가?
그것은 사소한 것…… 그들은 모두가 그곳에 도착한 것 이상

일 것이며, 여전히 지나가고 있다.

나는 부드러우며 점점 더 깊어지는 밤과 함께 걸어가는 바
로 그다,
나는 대지와 밤에 반쯤 붙잡힌 바다를 부른다.

가슴이 다 드러난 밤을 꽉 눌러라! 자성 띤 자양분 넘치는
밤을 꽉 눌러라!
남풍의 밤! 커다란 몇몇 별들의 밤!
여전히 고개를 까닥이는 밤! 미친 나신의 여름밤!

웃어라, 오, 관능적인 서늘한 숨결의 대지여!
나긋나긋한 물기를 머금은 나무들의 대지여!
사라지는 태양의 대지여! 꼭대기에 안개 드리운 산들의 대
지여!
그저 푸른 색조에 물든 보름달이 유리처럼 쏟아지는 대지여!
강물을 얼룩지게 하는 빛과 어둠의 대지여!
나 자신에게는 더 밝고 더 맑은 투명한 회색 구름의 대지여!
아득히 덮치는 굽이진 대지여! 풍요로운 사과 꽃 핀 대지여!
웃어라, 당신의 연인이 오고 있나니!

넘치도록! 당신은 내게 사랑을 주었다! …… 그리하여 나 당
신에게 사랑을 준다!
아, 말로 다 할 수 없는 열정적인 사랑!

나를 꼭 안고 찌르는 자, 그래서 내가 꼭 안는다!
우리는 신랑과 신부가 서로 상처 입히듯 서로에게 상처 입힌다.

22

너 바다여! 나는 나 자신을 또한 너에게 맡긴다…… 나는 네가 의미하는 바를 상상한다,
나는 네가 해변에서 손가락 구부려 초대하는 것을 바라본다,
나는 나를 느끼지도 않고 돌아가는 네 거부를 믿는다,
우리는 함께 한판 붙어야 한다…… 나는 옷을 벗는다…… 어서 땅에서 나를 감추어라,
나를 부드럽게 받치고…… 큰 파도로 흔들어 줄게 하며,
사랑의 물살로 나를 내던져라…… 내가 되갚으리니.

펼쳐진 땅이 용솟음치는 바다여!
드넓게 호흡하는, 숨결 불거진 바다여!
생명의 소금인 바다여! 패지 않았으나 항상 준비된 무덤 바다여!
폭풍우를 울어 내고 길어 내는 자여! 변덕스럽고 까다로운 바다여!
나는 너와 하나 된다…… 나 역시 한 면이자 모든 면이다.

밀려옴과 밀려감에 수반되는 자…… 미움과 위로의 찬양자,

어린 연인들을, 서로의 품속에서 잠자는 사람들을 찬양하는 자.

나는 동정심을 증명하는 바로 그다,
내가 집에 있는 것들의 목록을 만들고 그것들을 지지하는 집을 빠뜨릴까?

나는 상식의 시인이며 명백한 것들의 시인이며 불멸의 시인이다,
또한 나는 그저 선의의 시인만은 아니다⋯⋯ 나는 사악함의 시인이기를 거부하지 않는다.

세수와 면도는 바보들의 것⋯⋯ 나로 말하자면 주근깨에 빽빽한 수염이다.

덕과 악에 대해 무슨 할 말이 있는가?
악이 나를 재촉하고 악의 개정이 나를 촉진시킨다⋯⋯ 나는 무심히 서 있다,
나의 걸음걸이는 잔소리꾼이나 거부자의 걸음걸이가 아니다,
나는 자라나는 모든 것들의 뿌리를 적신다.

당신 잦아들 줄 모르는 임신의 욕창을 두려워했나?
당신 천상의 법률이 아직 작동하고 개정된다 생각했나?

나는 한발 더 나아가 우리가 하는 바가 옳으며 우리가 인정하는 것이 옳다고 말한다…… 그리고 몇몇은 그저 옳은 것의 원석이다,
우리 중의 증인들…… 한쪽의 균형과 정반대의 균형,
안정적인 원칙만큼이나 안정적인 도움인 부드러운 원칙,
현재의 생각과 행동 우리의 활기와 이른 출발.

과거 데실리온[25] 년을 지나 내게로 온 바로 이 순간,
그것과 지금보다 더 나은 것은 없다.

과거에 좋이 행동했거나 오늘 좋이 행동하는 것은 그리 놀라운 일이 아닐지니,
진정 놀라운 것은, 어떻게 언제나, 저열한 자나 무신론자가 있을 수 있는가 하는 것이다.

23

끝없이 펼쳐지는 세월의 언어들!
그리고 나의 것 현대의 언어…… 집단의 언어.

결코 멈추지 않는 신념의 언어,
다른 때와 마찬가지인 한때…… 여기든 다음이든 그것은 내게 마찬가지다.

---

25 decillion. 1천의 11제곱.

현실의 언어…… 앞서는 상업주의와 마지막 물들이기.

긍정적인 과학이여, 만세! 정확한 논증이여, 장수하길!
비름나물을 뜯어다 삼나무와 라일락 가지와 섞어라,
이것은 사전 편찬학자나 화학자…… 이것은 오래된 소용돌이 장식의 문법으로 이루어진 것,
이 선원들은 배를 타고 위험하며 알 수 없는 바다를 지났다,
이 사람은 지질학자이고, 이 사람은 외과용 칼로 일을 하며, 이 사람은 수학자다.

신사들이여 나는 당신들을 환영한다, 그리고 당신들과 손을 잡는다,
사실은 유용하고 실제적이다…… 그것들은 내 거주지가 아니다…… 나는 그들로 인해 거주의 영역으로 들어간다.

나는 재산이나 질을 상기시키는 자이기보다 삶을 상기시키는 자다,
그리고 나 자신을 위해, 다른 사람들을 위해 거래한다,
중성과 거세한 것들을 짧게나마 설명하며, 완전히 갖춰진 남자들과 여자들을 좋아한다,
반역의 종을 치고, 반역자들, 음모를 계획하는 자들과 머문다.

24
월트 휘트먼, 미국인, 불량자들 중 하나, 하나의 우주,

무질서한 살집에 감각적인…… 먹고 마시고 자식을 낳는,
감상주의자는 아닌…… 남자들과 여자들 위에 서 있는 자는
 아니며, 그들과 떨어져 있지도 않은…… 뻔뻔스럽지 않듯
 겸손하지도 않은.

문에서 자물쇠를 풀라!
문들을 기둥에서 풀라!

다른 이를 저급하게 만드는 자는 누구든 나를 저급하게 만
 든다…… 그리고 어떤 일을 하고 어떤 말을 하든 결국 내
 게로 돌아온다,
그리고 내가 행한 것이 무엇이든 내가 말한 것이 무엇이든
 나는 되돌려 준다.

나를 통해 신의 계시가 밀려오고 또 밀려온다…… 나를 통해
 물결과 지표가 흐른다.

나는 태고의 암호를 말한다…… 나는 민주주의의 신호를 보
 낸다,
맹세코! 나는 똑같은 조건으로 상대를 받아들일 수 없는 것
 은 그 무엇도 받아들이지 않을 것이다.

나를 통해 오랫동안 말이 없던 목소리들이,
끝없는 노예 세대들의 목소리들이,

창녀들과 불구자들의 목소리들,
병들고 낙담한 자들, 도둑들과 난쟁이들의 목소리들,
준비와 증강의 순환의 목소리들,
별들을 잇는 실들의 목소리 — 자궁의, 아비 되는 것의 목소리,
다른 이들이 경멸하는 이들의 권리의 목소리,
별 볼 일 없는 이들과 의기소침한 이들, 바보스러운 이들과 무시당하는 이들의 목소리,
공기 중의 안개와 똥 덩어리를 굴려 가는 풍뎅이들의 목소리가, 나를 통해 흘러나온다.

나를 통해 금지된 목소리들이,
성(性)과 욕정의 목소리들…… 가린 목소리들이 흘러나온다, 나는 그 장막을 걷는다,
상스러운 목소리들이 나로 인해 맑아지고 거룩해진다.

나는 손가락을 입술에 대지 않는다,
나는 머리와 가슴에 하듯 창자 주변도 섬세하게 유지한다,
죽음이 천한 것이 아니듯 성교 역시 그러하다.

나는 육체와 식욕을 신임한다,
보고 듣고 느끼는 것은 기적이다, 또한 나의 각 부분과 부속품들 하나하나가 기적이다.

나는 내면으로나 외면으로나 신성하다, 내가 만지는 것, 나
  를 만지는 것 그것이 무엇이든 나는 성화시킨다,
이 겨드랑이의 냄새는 기도보다 더 아름다운 향기이며,
이 머리는 교회나 성경이나 믿음 이상의 것이다.

내가 어떤 특정한 것을 숭배한다면 그것은 내 몸을 연장한
  어떤 것일 터,
나의 투명한 형태는 당신일 터이며,
흐릿한 돌출부와 평평한 것, 단단한 근육질의 쟁기 날은 당
  신일 터,
나의 경작지로 오는 것은 무엇이든 당신,
당신 나의 풍요로운 혈육, 내 생명을 엷게 벗기는 당신 젖의
  흐름.
다른 이의 가슴을 꽉 누른 가슴은 당신일 터,
내 뇌는 바로 당신의 비밀스러운 뇌 회선일 터,
씻긴 창포의 뿌리, 소심한 도요새, 보호받는 두 알의 둥지
  그것은 바로 당신일 터,
머리와 턱과 억센 근육이 뒤엉킨 건초 그것은 당신,
단풍나무의 똑똑 떨어지는 수액, 남자다운 밀의 섬유질 그
  것은 당신일 터.
그렇게나 풍요로운 태양 그것은 당신,
내 얼굴에 빛을 주고 어둠을 주는 증기들 그것은 당신,
당신 축축한 시냇물들과 이슬들 그것은 당신,
나를 향해 그 부드러운 성기로 비벼 대는 바람 그것은 당신,

드넓은 근육질의 들판, 떡갈나무의 가지들, 구불거리는 내 길을 즐겁게 어슬렁거리는 자, 그것은 바로 당신,
내가 잡은 손, 내가 입 맞춘 입술, 내가 만진 사람, 그것은 바로 당신일 터.

나는 나 자신을 맹목적으로 사랑한다…… 그것이 내 운명, 모든 것이 너무나 감미롭다,
매 순간, 어떤 일이 일어나든 모든 것이 나를 기쁨으로 전율케 한다.

나는 내 발목이 어떻게 구부려지는지 말할 수 없다…… 내 가느다란 소망의 원인이 어디로부터 오는지도,
내가 발산하는 우정의 근원도…… 내가 돌려받는 우정의 근원도 말할 수 없다.

내가 걸어 오르는 계단은 헤아릴 수 없다…… 나는 그것이 실제인지 생각하려 걸음을 멈춘다,
내가 먹고 마시는 것은 위대한 작가들과 학교들을 위한 대단하고도 충분한 장관,
내 창문에서 보는 아침의 광휘는 형이상학적인 책들 이상으로 나를 만족시킨다.

새벽을 보라!
조그마한 빛이 거대하고 투명한 어둠을 앗아 가고,

대기는 내 입에 달다.

순수한 장난으로 움직이는 세계의 무게, 말없이 솟아오르
 고, 신선하게 스며 나오고,
비스듬히 높고 낮게 돌진한다.

내 눈으로 볼 수 없는 무언가가 호색적인 음경을 위로 솟아
 오르게 하고,
밝은 주스로 이루어진 바다가 천국을 채운다.

하늘 곁 대지는 조용하다…… 그들이 교차하는 매일의 끝맺음,
그 순간 내 머리 위 동녘에서 부풀어 오르는 도전,
조롱하는 냉소, 자, 보라, 네가 주인이 되는지를!

25
태양이 어찌나 빠르게 나를 죽일 수 있는지 눈부시고 놀랍다,
내가 지금 그리고 항상 나로부터 일출을 내보낼 수 없다면.

우리도 태양처럼 눈부시고 놀랍게 솟아오른다,
우리는, 나의 영혼이여, 우리만의 것을 찾았다, 새벽의 고요
 함과 서늘함 속에서.

내 음성은 내 눈이 따라잡지 못하는 것을 좇는다,
내 혀의 놀림으로 나는 세상과 세상의 질량을 포용한다.

말[言]은 내 환상의 짝…… 그 자체를 측량하는 것은 공평치 않다.

그것은 영원히 나를 자극하고,
그것은 비웃듯 말한다, 월트, 자네 충분히 이해하나…… 그러면 왜 그걸 놓아두지 않는가?

자, 오라, 나는 결코 조바심 내지 않을 것이다…… 당신은 너무 많은 표현을 품고 있다.

당신은 저 아래 꽃봉오리들이 어떻게 접혀 있는지 알지 못하는가?
어둠 속에서 기다리며 서리에 보호받고,
나의 예언적 비명이 들리기 전 더러움은 물러간다,
나는 마침내 알 수 없는 원인들을 균형 잡는다,
나의 지식 나의 살아 있는 부분들…… 사물들의 의미와 계속 부합하는 그것,
행복…… 그것은 내 말을 듣는 자 그 누구든 이 날을 찾아 출발케 하는 것.

내 궁극의 이익 나는 당신을 거부한다…… 나는 최상의 나를 나로부터 떼어 내는 것을 거부한다.

세상을 에워싸라, 그러나 결코 나를 포위하려 하지 마라,

나는 당신에 대한 경멸로 당신의 가장 소란스러운 이야기를
 가득 채운다.

글을 쓰고 말하는 것이 나를 증명하지 않는다,
나는 충실한 증거들과 다른 모든 것들을 내 얼굴에 지니고
 다닌다,
내 입술을 잠잠케 함으로 나는 가장 의심 많은 사람을 혼동
 케 한다.

26
나는 오랫동안 듣는 것 말고는 아무것도 하지 않으리라 생
 각한다,
그리고 내가 들은 바를 내 속으로 불어 넣고…… 소리들이
 나를 위해 기여하게 할 것이다.

나는 새들의 활기찬 소리를 듣는다…… 자라나는 밀의 버석
 거리는 소리, 불꽃의 소문…… 내 식사를 준비하며 주걱들
 이 부딪치는 소리.

나는 사람들의 목소리를 듣는다…… 내가 사랑하는 소리,
나는 모든 소리들을 그것들이 사용되는 순간에 듣는다……
 도시의 소리들, 도시로부터 나오는 소리들…… 낮과 밤의
 소리들,
자기를 좋아하는 사람에게 말하는 젊은이의 소리…… 생선

장수, 과일 장수…… 식사하는 노동자들의 커다란 웃음,
어긋한 우정의 노기 띤 저음…… 아픈 사람의 가녀린 어조,
책상에 손을 붙인 판사, 사형 선고를 내리는 그의 떨리는
 입술,
부두에서 짐을 내리는 하역 인부가 가슴 부풀려 내는 소리……
 닻 올리는 선원의 후럼 소리,
자명종 울리는 소리…… 불이야 하는 소리…… 빠르게 나아
 가는 기계의 윙윙 소리, 경고 종과 색깔 등을 단 호스 운
 반차의 붕붕 소리,
기적 소리…… 다가오는 객차의 단단한 바퀴 소리,
군중의 앞머리에서 밤중에 이어지는 느릿한 행진곡,
그들은 어떤 사체를 호위하며 간다…… 깃발의 꼭대기에는
 검은 모슬린이 걸려 있다.

나는 첼로 소리나 사람의 진심 어린 불평 소리를 듣는다,
그리고 음계를 맞춘 코넷 소리나 일몰의 메아리를 듣는다.

나는 합창을 듣는다…… 그것은 장엄한 오페라…… 이것이
 진정 음악이다!

천지 창조처럼 드넓고 신선한 테너가 나를 가득 채운다,
그 입의 둥근 굴곡음이 내 안 가득 쏟아지며 차오른다.

나는 숙달된 소프라노를 듣는다…… 그녀는 절정에 달한 내

사랑의 속박처럼 나를 몸부림치게 한다,

오케스트라는 천왕성이 날아가는 것보다 더 멀리 나를 날려 보낸다,

그것은 내 가슴으로부터 말할 수 없는 열정을 쥐어짠다,

그것은 저 깊디깊은 곳으로 두려워서 숨이 막힐 때까지 고동친다,

그것은 나를 항해시킨다…… 나는 벗은 두 발로 가볍게 두드린다…… 그것들은 느린 물결에 휩쓸린다,

나는 노출된다…… 쓰라린 독약의 환호에 꺾인다,

꿀 같은 모르핀 속에 잠긴다…… 내 숨통은 거짓 죽음에 죄인다,

다시 일어나 수수께끼 중의 수수께끼를 느낀다,

그리고 그것을 우리는 절대 존재라 부른다.

27
어떤 형태를 취한다는 것, 그것은 무엇인가?
만약 아무런 발전이 없다면 대합이나 그 딱딱한 조가비로 충분했을 것이다.

내 것은 딱딱한 조가비가 아니다,
내게는 내가 지나가든 멈춰 서든 내 전체로 안내하는 즉각적인 안내자들이 있다,
그들은 모든 대상을 파악하여 내가 무탈히 지나도록 인도한다.

나는 그저 움찔거리고 내 손가락으로 느끼고 행복해한다.
내 몸으로 다른 누군가를 만지는 일은 내가 감당할 수 있는 일이다.

28
그렇다면 이것이 만지는 것인가? …… 새로운 정체성으로 나를 떨게 하며,
내 혈관으로 돌진하는 불꽃과 에테르,
그들을 돕기 위해 다다르고 밀려오는 내 위험한 비법,
빛을 발하는 것에 놀아나는 내 육체와 피, 나 자신과 전혀 다르지 않은 것에 불꽃을 일으키는 것,
내 사지를 굳게 하는 도처의 외설적인 자극제들,
그 유보된 방울로 내 가슴의 젖통을 죄며,
거부하지 않는 나를 향해 방탕한 행동을 하며,
내게서, 의도한 듯, 최선의 것들을 앗아 가며,
내 옷의 단추를 풀어 드러난 허리를 잡으며,
햇살과 평원의 고요함으로 내 혼란스러움을 속이며,
동지라는 느낌을 뻔뻔하게 밀쳐 내며,
그들은 만지는 것과 맞바꾸도록 매수했고, 내 곁을 스쳐 지나가고,
어떤 배려도 하지 않고, 내 분노의 힘이 점점 고갈되는 것은 생각지도 않으면서,
나머지 무리들을 데려와 즐기게 하며,
그런 후에는 모두 모여 두렁 위에 서서 나를 걱정한다.

감시병들은 내 모든 다른 부분들을 포기한다,
그들은 나를 붉은 약탈자들에게 무기력하게 남겨 두었다,
그들 모두가 두렁으로 다가와 지켜보며 나를 향한 공격에 가담한다.

나는 반역자들로부터 버려졌다,
나는 거칠게 말한다…… 나는 평상심을 잃는다…… 나도 다른 누구도 위대한 반역자는 아니다,
나 자신이 먼저 두렁으로 갔다…… 나 자신의 손이 나를 그곳으로 데려갔다.

당신 악한의 손길! 무얼 하는가? 내 숨결이 목 안 가득 차 있다,
당신의 수문들을 열어라! 당신은 내게 너무 과하다.

29
맹목적으로 사랑하며 씨름하는 손길! 칼집이 있고 모자를 쓰고 날카로운 이빨을 가진 손길!
그것이 나를 떠나게 할 만큼 당신을 아프게 했는가?

도착함으로써 길을 내는 이별…… 영원한 빚의 영원한 갚음,
풍요롭게 내리는 비, 그리고 그 후의 더 풍요로운 보상.

새싹이 돋아 점점 자라나…… 풍성하고 생생하게 가장자리

에 서 있다,
남성적이며 완전한 황금빛으로 투사된 풍경.

30
모든 진리는 모든 사물 속에서 기다린다,
그것들은 서둘러 자신을 드러내려 하지 않으며 자신을 거부
 하지도 않는다,
그들은 산과 의사의 집게를 필요로 하지 않는다,
사소한 것들은 내게 여타의 것과 마찬가지로 대단하다,
무엇이 만지는 것 이하이며 혹은 그 이상인가?

논리와 설교는 결코 확신을 주지 않는다,
밤의 습기가 내 영혼 속으로 더욱 깊이 돌진해 온다.

모든 남자와 여자에게 자신을 증명하는 것만이 그러하며,
누구도 부인하지 않는 것만이 그러하다.

나의 한 순간과 한 방울이 내 머리를 진정시킨다,
나는 축축한 흙덩이가 연인이 되고 등불이 되는 것을 믿는다,
개요 중의 개요는 남자나 여자의 고기,
그들이 서로에게 갖는 느낌은 절정과 꽃으로 존재한다,
그리고 그들은 그것으로부터 끝없이 가지 칠 것이다, 저 교
 훈이 무한한 창조력으로 화할 때까지,
모두가 우리를 기쁘게 하고, 우리가 그들을 기쁘게 할 때까지.

31

나는 풀잎 하나가 별들의 여행 기록 이하인 것은 아니라 믿는다,

그리고 개미도 마찬가지로 완벽하며, 모래 한 알, 굴뚝새의 알도 그러하다고 믿는다,

청개구리는 가장 고귀한 존재를 위한 걸작이라고,
땅을 기어가는 검은 딸기는 천국의 현관을 장식할 것이라고,
내 손안의 가장 작은 돌쩌귀는 모든 기계들을 비웃는다고,
절망적인 머리로 자박거리는 소는 어떤 조각상도 능가한다고,

쥐는 수천만 배의 이교도들을 놀라게 하기에 충분한 기적이라고,

내가 내 인생의 나날의 오후마다 농부의 딸이 쇠 주전자에 물을 끓이고 쇼트케이크 굽는 것을 보러 올 수 있다고 믿는다.

나는 내가 무형의 편마암이고 석탄이며 길게 자란 이끼이고 과일이며 곡식이고 먹을 수 있는 뿌리임을 안다,
내가 네발짐승들과 새들로 온몸을 덮은 것을,
내 뒤에 있는 것들과 선의로 거리를 두어 왔다는 것을,
내가 그것을 원할 때에는 무엇이든 다시 가까이 부르리라는 것을 안다.

속도든 부끄러움이든 소용없고,

화성의 바위가 내가 가까이 오는 것을 막으려고 오래된 불
    길을 보내도,
거인이 그 가루 뼈 밑으로 물러나도 소용없다,
사물들이 떼 지어 물러나 여러 형상을 취해도 소용없으며,
태양이 구멍 속에 자리 잡아도, 커다란 괴물들이 낮게 드러
    누워도 소용없다,
말똥가리가 하늘에 집을 지어도,
뱀이 덩굴식물들과 나무둥치 사이로 미끄러져도 소용없으
    며,
엘크가 숲 속에 난 길로 가도,
큰부리바다오리가 래브라도를 향해 북쪽 멀리 헤엄쳐 가도
    소용없다,
나는 재빨리 뒤따른다…… 나는 낭떠러지 틈의 둥지까지 오
    른다.

32

나는 돌아서서 동물들과 잠시 살 수 있을 것 같다…… 그들
    은 무척이나 차분하고 자립적이다,
나는 가끔 선 채로 반나절 가까이 그들을 바라본다.

그들은 자신들의 처지 때문에 땀 흘리지 않으며 투덜대지도
    않는다,
그들은 한밤에 잠 못 이루지도, 자신들의 죄 때문에 울지도
    않으며,

그들은 하느님에 대한 자신의 의무를 논하면서 나를 지겹게
    하지 않고,
어느 누구도 불만족스러워하지 않으며…… 어느 누구도 사
    물에 대한 소유욕으로 미치지 않는다,
어느 누구도 다른 이들에게, 또한 수천 년 전 조상에게 무릎
    을 꿇지 않으며,
어느 누구도 지구 전체를 대표할 만큼 존경할 만하거나 부
    지런하지 않다.

그래서 그들은 나와의 관련을 보여 주니, 나도 그들을 받아
    들인다,
그들은 나에게 나 자신의 표식들을 가져다준다…… 그저 자
    신들의 소유임을 분명히 보여 준다.

나는 그들이 어디에서 그 표식들을 가져왔는지 알지 못한다,
나는 말할 수 없는 세월 이전에 저 길을 지나치다 나도 모르
    는 사이에 그것들을 놓친 것이 분명하다,
그러므로 나 자신 앞으로 계속 나아간다, 지금 그리고 영원히,
항상 더 많이, 재빠르게 모으고 보여 주면서.
무한한 것들, 모든 종류의 것들, 그것들 속에서 이것들과 닮
    은 것들을,
내 기념품을 달라는 사람들을 심하게 배척하지 않으며,
나의 연인이 될 이를 이곳에서 택하며,
형제애의 견지에서 그와 함께 가기로 하며.

거대하고 아름다운 종마여, 풋풋하고 내 애무에 풋풋하게
 반응하는구나,
이마를 높이 쳐들고 귀 사이는 넓다,
반짝이고 나긋나긋한 사지, 꼬리는 아래로 땅을 쓸고,
눈은 시원스레 떨어져 있고 반짝이는 간교함으로 가득하
 다…… 귀는 잘 빠져 유연하게 움직인다.

그의 벌름거리는 코, …… 내 발꿈치가 그를 껴안는다…… 그
 의 잘 뻗은 사지는 기쁨으로 떨고…… 우리는 속도를 내
 어 빙빙 돌다 다시 돌아온다.

나는 그저 너를 잠깐 이용하고 너 종마를 놓아준다…… 그리
 고 네 속도를 원치 않아 따돌리며 질주한다,
나 자신 서 있거나 앉아 있거나 너보다 더 빠르다.

33
재빠른 바람! 공간! 나의 영혼! 자, 나는 내가 상상하는 것이
 진실임을 안다,
내가 풀밭 위를 뒹굴거리며 상상하는 것,
내 침대에 홀로 누워 상상하는 것…… 그리고 다시 아침 별
 들이 흐릿하게 사라질 때 해변을 걸으며 상상하는 것이
 진실이라는 것을.

나를 묶어 안정시킨 것들은 나를 떠난다…… 나는 여행한다

…… 나는 항해한다…… 내 팔꿈치는 바다 틈새에 기댄다,

나는 뾰족한 산맥들 곁을 지나고…… 내 손바닥은 대륙을 덮는다,

나는 환상을 품고 걸어간다.

도시의 각진 계획 주택 단지 옆을 지나…… 통나무집 안으로, 또는 벌목꾼들과 야영하면서,

고속도로의 바퀴 자국을 따라…… 메마른 협곡과 실개천을 따라,

양파 밭, 당근과 파스닙 밭을 괭이질하며…… 대초원을 가로지르고…… 숲 속을 천천히 지나면서,

조망하고…… 금을 캐고…… 새로 산 나무들을 끈으로 묶으며,

뜨거운 모래에 발목까지 그을리고…… 타고 가던 보트를 잡아 얕은 강물 아래로 끌어 내리면서,

팬더가 사지를 머리 위로 들어 올리고 이러저리 걸어다니는 곳을…… 수사슴이 사냥꾼을 격렬히 돌아보는 곳을,

방울뱀이 바위 위에 길게 늘어져 해바라기하는 곳…… 수달이 물고기로 배 채우는 곳을,

악어가 자신의 거친 돌기들을 내놓고 강어귀 근처에서 잠자는 곳을,

검은 곰이 뿌리나 꿀을 찾는 곳…… 비버가 노 같은 꼬리로 진흙을 톡톡 두드리는 곳을,

자라나는 사탕수수 너머…… 목화 나무 너머…… 나지막한 논 속의 벼 무리 너머로,

조개 요리 찌꺼기가 있는 농가의 뾰족한 지붕과 시궁창에서 나온 가느다란 여울 너머로,

서쪽 감나무 너머…… 긴 잎사귀 옥수수와 섬세한 파란 꽃 아마 너머,

흰색과 갈색 메밀, 그 나머지들과 함께 붕붕대고 윙윙대는 것들 너머,

바람 불 때마다 주름지며 그림자 얼룩지는 귀리의 어둔 초록 너머로,

산을 오르고…… 조심스럽게 나를 끌어 올리며…… 바싹 마른 기운 없는 다리로 쉬지 않고,

풀잎 속에서 닳고 덤불 잎사귀로 다져진 길을 걸으며,

메추라기가 숲과 밀밭 사이에서 지저귀는 곳을,

박쥐가 칠월의 저녁 하늘을 나는 곳…… 커다란 풍뎅이가 어둠 속으로 떨어지는 곳을,

도리깨가 곳간 바닥에서 시간을 지키는 곳을,

개울물이 오래된 나무뿌리에서 나와 평원을 향해 흐르는 곳을,

소들이 서서 파리 떼들이 숨어 있는 곳을 전율하듯 흔들어 그것들을 떨쳐 내는 곳,

치즈 덮개가 부엌에 걸려 있고, 장작 받침대가 난로 벽에 걸려 있으며, 거미줄이 서까래에서 꽃줄처럼 떨어지는 곳을,

스프링 해머가 쾅쾅 소리를 내는 곳…… 인쇄기가 빙빙 실린더를 돌리는 곳을,

사람의 가슴이 갈비뼈의 끔찍한 고통으로 두근대는 곳 그

어디나,

배 모양의 풍선이 하늘 높이 떠다니는 곳…… 그 속에 나를 태우고 편안히 내려다보는 곳을,

구급차가 고리 줄에 끌려 나오는 곳…… 열정으로 교미하여 움푹 파인 모래 속에 옅은 초록의 알들을 까는 곳을,

암컷 고래가 자기 새끼들과 수영하고 결코 그들을 버리지 않는 곳을,

증기선이 긴 연기를 꼬리 달고 가는 곳을,

해저 상어의 지느러미가 검은 조각처럼 물을 가르는 곳을,

반쯤 그을린 쌍돛 배가 알 수 없는 물결 위를 미끄러져 가는 곳을,

조개들이 끈적거리는 갑판을 향해 커가는 곳, 그리고 죽은 사람들이 밑바닥에서 썩어 가는 곳을,

연대 앞에 성조기가 있는 곳을,

길게 뻗은 섬을 지나 위쪽, 맨해튼 가까이,

마치 내 얼굴 위로 베일처럼 떨어지는 폭포, 나이아가라 아래를,

현관 위…… 야외 우거진 숲의 승마대 위로,

승마장으로, 혹은 소풍이나 댄스파티, 야구 같은 재미난 경기를 즐기면서,

건달들의 장난과 빈정대는 방종, 남자들만의 파티, 음주와 웃음과 같은 남자들의 축제로,

사과즙 압축기 곁, 갈색 스쿼시의 달콤함을 맛보며…… 빨대로 주스를 빨면서,

사과 껍질 깎는 곳을, 내가 보는 모든 빨간 과실에 입 맞추길 원하며,
소집 군대와 해변 파티, 친구들의 모임과 껍질 까기와 집 짓기에.
지빠귀가 맛깔스레 우짖으며, 꽥꽥대고 소리치고 우는 곳을,
건초 더미가 마당에 서 있고, 마른 풀대들이 흩어져 있으며, 송아지들이 곳간에서 기다리는 곳을,
황소가 수컷의 일을 하러 다가오고, 종마는 암소에게 다가가며, 수탉은 암탉 위로 올라서는 곳을,
암소들이 풀을 뜯고, 오리들은 짧은 주걱질로 먹이를 홀짝거리는 곳을,
해 질 녘의 그림자가 무한하고도 외로운 평원 위로 길게 드리우는 곳을,
들소 떼가 멀리 또 가까이 사방으로 진드기를 퍼뜨리는 곳을,
벌새가 아른거리고…… 장수하는 고니의 목이 부드럽게 구부러지는 곳을,
웃음 갈매기가 찰싹이는 해안에서 돌진하고 거의 사람 같은 웃음 소리를 내는 곳을,
벌통들이 키 큰 잡초에 반쯤 가린 정원 안 회색 벤치 위에 나란히 놓여 있는 곳을,
줄무늬목 메추라기들이 머리를 내밀고 땅 위에 둥글게 둥지 틀고 있는 곳을,
영구차들이 묘지의 아치 문으로 들어가는 곳을,
겨울 늑대들이 눈과 고드름 단 나무들 사이에서 울부짖는

곳을,

노란머리 왜가리가 밤마다 늪가로 와서 작은 새우들을 먹는 곳을,

수영객들과 다이버들이 첨벙대는 소리가 더운 대낮을 시원하게 식히는 곳을,

여치가 우물 너머 호두나무 위에서 반음계로 피리를 부는 곳을,

감귤나무 밭과 은사슬 잎을 매단 오이 밭을 지나,

소금 바위나 오렌지 숲 속 빈터를 지나…… 혹은 원뿔 모양의 전나무들 아래를,

체육관을 지나…… 커튼 친 살롱을 지나…… 사무실이나 공공 홀을 지나.

원주민을 반기고, 낯선 사람들을 반기며…… 새로운 사람들과 오래된 사람들을 반기며,

여자들, 잘생긴 사람은 물론이고 소박한 사람들도 반기며,

보닛을 벗으며 노래하듯 이야기하는 여성 퀘이커교도들을 반기며,

분칠한 교회의 성가대가 내는 소박한 선율을 반기며,

땀 흘리는 감리교 목사, 혹은 어떤 목사든 그 진지한 말들을 반기며…… 심각하게 대중 집회를 바라보며.

오전 내내 대로변 가게 창문 안을 들여다보며…… 두꺼운 유리창에 코를 바짝 붙이며,

같은 날 오후 얼굴을 구름을 향해 올리고 여기저기 돌아다니면서,

내 좌우 팔을 두 친구 옆에 끼고, 나는 그 가운데 서서.
턱수염 난 어둔 뺨의 더벅머리 소년과 집으로 돌아오며⋯⋯
 그날의 커튼이 내려질 즈음 소년이 모는 마차 뒤에 타고,
정착지 저 멀리서 동물 발자국이나 모카신 자국을 살피며,
병원 간이침대에서 열 있는 환자에게 레모네이드를 건네며,
모두가 조용할 때 관 속 시체 곁에서, 촛불로 살피며,
거래하고 모험하기 위해 모든 항구를 항해하며,
여타의 군중과 마찬가지로 진지하고 변덕스러운 현대적인
 군중과 함께 서두르며,
내가 싫어하는 사람에게는 화를 내고, 너무 화가 나서 그에
 게 기꺼이 칼을 휘두를 준비를 하면서,
한밤중에 홀로 뒷마당에서, 한동안 내게서 나온 내 생각들
 에 잠겨서,
내 곁의 아름답고 부드러운 신과 함께 유대의 오랜 언덕을
 거닐며,
공간을 지나 질주하며⋯⋯ 천국과 별들을 지나 질주하며,
일곱 개의 위성과 넓은 원과 직경 8천 마일[26] 속에서 질주하며,
나머지 별들처럼 불덩이를 던지는⋯⋯ 꼬리 달린 별똥별과
 함께 질주하며⋯⋯
제 배에 저만의 보름달 어미를 가득 품은 초승달 아이를 데
 리고,
격노하고 즐거워하고 계획하고 사랑하고 조심스러워하며,

---

26 1마일은 약 1.6킬로미터. 8천 마일은 약 1만 2천8백 킬로미터이다.

물러서고 채우고, 나타나고 사라지면서,
나는 밤낮으로 그런 길들을 간다.

나는 하느님의 과수원을 방문하여 천체의 산물을 바라본다,
그리고 수억 개의 익어 가는 것과 초록의 것들을 바라본다.

나는 액체의 비상과 빨아들이는 영혼을 향해 날아간다,
내 길은 추의 반향 밑을 달린다.

나는 물질과 비물질을 마음껏 즐긴다,
어떤 경비병도 나를 막지 못하며, 어떤 법률도 나를 저지할 수 없다.

나는 그저 내 배를 잠시 정박시킬 뿐이다,
내 전령은 계속 항해하여 내게 답신을 가져온다.

나는 극지의 모피 짐승들과 바다 물개들을 사냥하러 간다…… 뾰족한 지팡이로 틈새를 뛰어넘고…… 약하고 기운 없는 것들의 흔들림에 집착하며.

나는 앞 돛대에 오르고…… 밤늦게 까마귀의 둥지에 내 자리를 마련하고…… 극해를 항해한다…… 빛은 충분하다,
투명한 대기를 지나며 나는 기막히게 아름다운 곳 주위로 몸을 뻗는다,

거대한 크기의 얼음이 내 옆을 지나고 나는 그것들을 지나간다…… 그 광경은 사방에서 명료하다,
꼭대기에 하얀 눈이 쌓인 산들이 멀리 뾰족하게 보이고…… 나는 내 환상을 그들에게로 날린다,
우리는 어떤 커다란 전쟁터 가까이 가고 있다, 우리는 곧 그 전쟁에 가담할 것이다,
우리는 야영장의 거대한 전초지를 지난다…… 우리는 조용한 걸음으로 조심스럽게 지난다,
아니면 우리는 교외의 어떤 드넓고 황폐해진 도시로 들어간다…… 벽돌들과 무너진 건물들은 지구의 모든 살아 있는 도시 이상이다.

나는 자유로운 친구다…… 나는 뻗어 나가는 모닥불 옆에서 야영한다.

나는 침대에서 신랑이 되어 홀로 신부와 함께 머문다,
그리고 밤새 내 허벅지와 입술로 그녀를 끌어안는다.

내 음성은 아내의 음성, 계단 난간이 내는 삐걱대는 소리다,
그들은 떨어뜨리고 적셔서 내 남성의 몸을 되살린다.

나는 영웅들의 커다란 가슴을 이해한다,
현재와 모든 시간의 용기를,
사람들로 붐비는 지도자 없는 난파된 증기선과, 폭풍우에

따라 상하로 좇는 죽음을 선장은 어떻게 보았는가,
그는 어떻게 힘껏 맞서며 한 걸음도 물러서지 않고, 낮에는 낮대로 밤에는 밤대로 충실했는가,
어떻게 칠판에 커다란 글씨로, 용기를 냅시다, 우리는 결코 여러분을 버리지 않습니다, 라고 썼는가,
그는 어떻게 결국 물에 빠진 사람들을 구했는가,
풀어 헤친 옷차림의 기운 없는 여자들이 준비된 무덤 옆에서 배에 태워질 때 어떻게 바라보았는가,
노인의 얼굴을 한 조용한 아기들과, 건져 올려진 병자들과, 꽉 다문 입술의 수염 더부룩한 남자들을 어떻게 바라보았는가,
이 모든 것을 나는 받아 삼킨다, 달게 맛본다…… 그것을 진심으로 좋아한다, 그래서 그것은 내 것이 된다,
나는 바로 그런 사람이다…… 나는 고통을 겪었고…… 그곳에 있었다.

순교의 경멸과 평온함,
마녀라고 저주받아 마른 장작으로 불태워진 어머니, 바라보는 그 아이들,
경주에서 뒤처져 쫓기는, 울타리에 기대 입김을 내뿜는 땀으로 뒤덮인 노예,
그의 다리와 목을 마치 바늘처럼 찌르는 아픔,
살인적인 산탄과 총알,
나는 이 모든 것을 느끼거나 이 모든 것이다.

나는 쫓기는 노예…… 나는 개에 물려 움찔거린다,
지옥과 절망이 내게 엄습한다…… 탕, 탕, 사수들이 방아쇠를 당긴다,
나는 울타리의 난간들을 움켜쥔다…… 내 피가 피부에서 스며 나와 가늘게 질금거린다,
나는 잡초와 돌멩이 위에 쓰러진다,
말 탄 사람들이 머뭇거리는 말에 박차를 가하고 바짝 끌어당긴다,
그들은 내 어지러운 귀에 조소를 보내고…… 회초리로 내 머리를 격렬히 내리친다.

고통은 내가 바꿔 입는 옷들 중 하나다,
나는 상처받은 사람에게 어떤 느낌이냐고 묻지 않는다…… 나는 스스로 상처받은 사람이 된다,
내가 지팡이에 의지하여 바라볼 때 내 상처는 내게 격노로 화한다.

나는 가슴뼈가 부서져 곤죽이 된 소방관…… 무너져 내린 벽들이 그 잔해 속에 나를 묻었다,
열기와 연기를 나는 들이마셨다…… 나는 동료들이 고함치며 외치는 소리를 들었다,
나는 그들의 곡괭이와 삽들이 내는 아득한 쩔렁임을 들었다,
그들은 멀리 빛을 비췄다…… 그리고 그들은 나를 부드럽게 들어 올렸다.

나는 붉은 셔츠 차림으로 밤의 공기 속에 누워 있다…… 사
 방의 고요함은 나를 위해 존재한다,
결국 아무 고통 없이 누워 있다…… 기진맥진하지만 그리 불
 행하지는 않다,
하얗고 아름답다, 내 주위 사람들의 얼굴…… 머리에서 소방
 모자들을 벗고 있다,
무릎 꿇은 대중들은 횃불과 함께 사라진다.

멀리 죽음에서 소생하여,
그들은 글자판으로 보여 주거나 내 손으로 가리킨다…… 그
 래서 나 자신 시계가 된다.

나는 늙은 포병, 그래서 어느 진지에서의 전투에 대해 이야
 기하고…… 다시 그곳에 있다.

다시 북 치는 병사들의 기상 신호…… 다시 공격하는 폭탄과
 박격포와 유탄포들,
다시 공격받은 자들이 응수의 포탄을 쏜다.

나는 참여한다…… 나는 그 모든 것을 보고 듣는다,
비명과 욕지거리와 함성…… 명중한 총알에 따르는 박수,
느리게 지나가며 붉은 핏방울을 흘리는 구급차,
손상된 것을 찾아 필수 불가결한 보수를 치르는 인부들,
찢어진 지붕 사이로 떨어지는 수류탄…… 부채 모양의 폭발,

팔다리 머리 돌멩이 나무 철사들이 높이 허공에서 윙윙대는
  소리.

다시 내 죽어 가는 장군의 입이 꼴깍거린다…… 그는 격렬하
  게 손을 흔든다,
그는 핏덩이 사이로 헐떡인다…… 나는 신경 쓰지 마…… 신
  경 써…… 참호들을.

34
나는 앨러모의 패배를 말하는 것이 아니다…… 아무도 도망
  쳐서 앨러모의 함락을 알리지 않았다,
150명이 앨러모에서 여전히 말이 없다.

이제 칠흑의 일출에 대한 이야기를 들어라,
412명의 젊은이들이 차가운 피를 흘리며 죽은 이야기를.

그들은 퇴각하면서 짐으로 가슴막이 삼고 속 빈 사각 대열
  을 지었다,
그들 숫자의 아홉 배가 되는, 포위한 적들 너머의 9백 명의
  생명은 그들이 앞서 치른 대가였다,
그들의 장군은 부상당했고 탄약은 이미 바닥났다,
그들은 명예로운 항복을 교섭하고, 문서와 보증 도장을 받
  아, 무기를 버리고, 전쟁 포로가 되어 돌아왔다.

그들은 유격대원들의 영광이었다,
말, 총, 노래, 식사, 호의에서 비할 데 없었다,
거대하고, 사납고, 용감하고, 멋지고, 관대하고, 자부심 있고, 다정하고,
수염을 기르고, 태양에 그을리고, 자유로운 사냥꾼의 옷차림을 하고,
그 누구 하나 서른 살을 넘기지 않았다.

두 번째 일요일 아침 그들은 분대로 불려 나왔고 살해되었다…… 화창한 초여름이었다,
그 일은 5시에 시작하여 8시경에 끝났다.

아무도 무릎 꿇으라는 명령에 따르지 않았고,
몇몇은 격렬하게 그러나 무기력하게 달려갔고…… 몇몇은 단호하고 꼿꼿하게 일어섰다,
몇몇은 갑자기 쓰러졌다, 관자놀이와 가슴에 총을 맞고…… 산 자와 죽은 자가 나란히 누웠다,
부상당하고 잘린 자들은 오물 속에서 땅을 파고…… 새로 온 자들은 그들이 그곳에 있는 것을 보았다,
반쯤 죽은 몇몇은 기어서 도망가려 했다,
이들은 총검에 끌려오거나 보병총으로 얻어맞았다,
열일곱도 채 안 된 젊은이가 그 암살자를 붙잡았지만 결국 두 명이 더 와서 그를 떼어 놓았다,
그들 세 명은 모두 찢겨 그 소년의 피로 뒤덮였다.

11시에 시체들을 불태우기 시작했다.
그것이 412명의 젊은이들에 대한 살해담이다,
그것이 바로 칠흑의 일출이다.

35
당신은 바다에 관한 책에서 구식 군함 전투에 대해 읽은 적
  있는가?
당신은 달빛과 별빛을 받으며 누가 이겼는지 알게 됐는가?

내 말하건대, 우리의 적은 그 배 안에 숨어 있지 않았다,
그의 공격은 영국식 일격, 그보다 더 거친 것도 더 진실된
  것도 없다, 이제까지도, 앞으로도.
그는 어두워지는 저녁에 와서 끔찍하게 우리를 덮쳤다.

우리는 그와 끝났다…… 활대는 얽혔고…… 대포는 당겨졌다,
우리 대장은 자기 손으로 재빨리 후려쳤다.

우리는 수면 아래서 18파운드[27]의 총알을 받았다,
낮은 갑판에서 두 개의 커다란 조각들이 첫 발을 뿜어 댔다,
  사방 모두를 죽여 머리 위로 날려 버렸다.

밤 10시, 보름달이 빛나고, 접속부의 누수, 5피트[28]의 물이

---

27 1파운드는 약 453.592그램. 18파운드는 약 82킬로그램이다.
28 1피트는 약 30.48센티미터. 5피트는 약 1.5미터이다.

보고되었다,

하급 준위가 후미 짐칸에 감금했던 죄수들을 스스로 살 기회를 찾도록 풀어 주고 있었다.

탄약고에서 이리저리 옮겨 가는 것은 보초병들에 의해 저지되었다,

낯선 얼굴들을 너무 많이 본 그들은 누구를 믿어야 할지 알지 못했다.

우리 함대에 불이 붙었다…… 누가 물었다, 우리가 구병을 요청했는지, 우리 군대 깃발이 내려지고 싸움이 끝났는지.

내 어린 대장의 목소리를 들었을 때는 참으로 우스웠다,
그는 침착하게 외쳤다, 우리는 공격하지 않았다고, 우리는 지금 막 우리 전투의 일부를 시작했다고.

단지 세 발의 총알이 사용되었다,
한 발은 대장 자신에 의해 적의 메인마스트를 명중시켰고,
포도탄[29]과 탄약 상자의 도움을 받은 두 발은 그의 소총을 잠재우고 그의 갑판을 깨끗이 했다.

장루만이, 특히 대장루가 이 자그마한 포병을 지원했다,

---

29 grape. 작은 구형탄인 grapeshot을 말한다.

그들 모두 작전 내내 용감하게 견뎠다.

한순간도 멈추지 않고,
펌프에서 새는 것들은 빠른 속도로 불어났다…… 불길은 탄약고를 향해 날름거렸다,
펌프들 중 하나가 명중되어 사라졌다…… 그래서 대체로 우리는 가라앉는다고 생각했다.

그 작은 대장은 침착하게 서 있었다,
그는 서두르지 않았고…… 그의 음성은 높지도 낮지도 않았다,
그의 눈은 우리의 전투 등보다 더 많은 빛을 우리에게 비추었다.

밤 12시가 가까워졌고, 달빛 속에서 그들이 우리에게 항복했다.

36

한밤은 몸을 길게 뻗고 가만히 누워 있었다,
어둠의 가슴 위에서 움직이지 않는 두 개의 커다란 선체,
벌집이 되어 서서히 가라앉고 있는 우리의 배…… 우리가 정복한 자에게 가기 위한 준비,
중앙 갑판에서 종이처럼 하얀 얼굴로 차갑게 명령을 내리는 대장,

그 근처엔 객실에서 일하던 어린아이의 시체,
길고 하얀 머리칼과 정교하게 고불거리는 콧수염을 한 노련한 뱃사람의 죽은 얼굴,
이루어질 수 있었던 것들에도 불구하고 높이 또 낮게 날름대는 불꽃들,
아직 의무를 다하는 두세 병사들의 낮은 목소리,
형체 없이 쌓인 시체들과 홀로 남은 시체들…… 돛과 둥근 목재 위에 널브러진 몸뚱이들,
끈을 자르고 용마루를 아래로 매달기…… 위안하는 파도의 경미한 충격,
검고 무감각한 총구, 탄약 꾸러미와 역한 냄새,
어렴풋한 코로 들이쉬는 해풍의 냄새…… 사초(莎草)와 해안 들판의 냄새, 살아남은 자들에게 주어진 죽음의 메시지,
의사의 칼과 그의 톱니가 내는 갉아 대는 소리,
색색대는 소리, 혀 차는 소리, 떨어지는 피를 닦는 소리……
  짧고도 거친 비명, 길고도 흐릿한 차츰 잦아드는 신음,
이것들 그러한 것들…… 이것들 돌이킬 수 없는 것들.

37

아, 세상에! 내 흥분에 나 사로잡힌다!
반역자가 자기 혀를 올가미에 매면서 즐겁게 말한 것,
야만인이 그루터기에 걸터앉아 눈알은 다 빠진 채, 입으로는 아차 하며 저항의 말을 내뱉은 것,
버논 산의 정상까지 간 여행객을 평온하게 한 것,

브루클린 소년이 월어바웃[30] 해변을 내려다보며 감옥선을 기억할 때 그를 차분하게 한 것,
영국 군인이 자신의 연대를 항복시켰을 때 새러토가에서 그의 총들[31]을 불태웠던 그것,
이런 것들이 나의 것이 되고, 나는 모든 사람이 되니, 그들은 무(無)가 아니다,
나는 내가 바라는 것만큼 훨씬 더 많은 것이 된다.

나는 이곳에서 인간의 어떤 존재나 진리가 된다,
그리고 다른 사람과 같은 모양의 감옥에 든 나 자신을 바라본다,
그리고 무지근하게 지속되는 고통을 느낀다.

나를 위해 죄수들을 지키는 자들 소총을 어깨에 지고 경비하는데,
아침에는 빠져나갈 수 있지만 밤에는 금지되는 이가 바로 나다.

폭도가 수갑을 차고 감옥까지 걸어온 예는 하나도 없지만,
나는 수갑이 채워져 그에게 왔고, 그의 옆에서 걷는다,
나는 그곳에서 유쾌한 사람이기보다는, 내 갈라지는 입술로

---

30 Wallabout. 뉴욕 북동부 해안에 있는 만. 1776~1783년 사이에 영국에서 온 감옥선이 정박하여 당시 미국인 죄수들을 감금했던 곳이다.
31 gums. guns의 오기로 추정된다.

땀을 흘리는 말없는 쪽에 더 가깝다.

어떤 젊은이도 절도죄로 잡히지 않지만, 나는 그 죄로 재판
받고 선고받는다.

콜레라 환자 중 누구도 마지막 숨을 토하며 눕지 않지만, 나
는 마지막 숨을 토하며 눕는다,
내 얼굴은 잿빛이고, 내 근육은 비틀리고…… 사람들은 나를
피해 물러선다.

거지들이 내 속에서 자신들의 모습을 보고, 나는 그들 속에
구체화된다,
나는 모자를 내밀며 부끄러운 얼굴로 앉아 애걸한다.

나는 무아지경의 상태로 모두를 지나 일어나, 진실한 중력
으로 휙 지나간다,
빙빙 돌고 도는 것이 내 안의 기본 원리다.

38
나는 조금 아뜩하다. 물러서라!
내 쇠고랑 찬 머리와 졸음들, 꿈들, 하품 너머로 약간의 시
간을 달라,
나는 나 자신이 늘 범하는 실수의 직전에 있음을 발견한다.

조롱과 모욕을 내가 잊을 수 있기를!
흐르는 눈물과 곤봉과 망치의 일격들을 내가 잊을 수 있기를!
내가 나 자신의 십자가와 피 흘리는 왕관을 다른 표정으로
　볼 수 있기를!

나는 기억한다…… 나는 아주 오래된 상처[32]를 다시 말한다,
바위 무덤이 그에 맡겨진 것들을 증가시킨다…… 혹은 어떤
　무덤에나 맡겨진 것들을,
시체는 일어나고…… 상처는 치료되며…… 잠금장치는 굴러
　떨어진다.

나는 최상의 힘으로 가득 차 행진한다, 보통의 끝없는 행렬
　중 하나로,
우리는 오하이오와 매사추세츠와 버지니아, 위스콘신과 뉴
　욕, 뉴올리언스, 텍사스, 몬트리올, 샌프란시스코, 찰스턴,
　사바나와 멕시코 등의 길들을 걷는다,
내륙과 해안, 경계선…… 우리는 경계선을 지난다.

우리의 재빠른 명령은 전 지구 위의 자신들의 길로 향한다,
우리가 모자 위에 꽂은 꽃송이들은 2천 년 동안 자랐다.

학생들[33] 너희에게 나는 인사한다,

---

32 overstaid fraction. 논란이 많은 구절. overstaid는 over-stayed를, fraction은 폭력에 의해 일어난 상처나 내적 분열을 가리키는 듯하다.

나는 너희 수많은 무리들이 다가오는 것을 본다…… 나는 안
   다, 너희가 너희 자신과 나를 이해한다는 것을,
눈을 지닌 그들이 신성하며, 눈먼 자들과 절룩거리는 이들
   도 마찬가지로 신성하다는 것을,
내 발걸음은 너희 뒤를 따르지만 그들보다 앞서 가고,
내가 그저 모든 사람들과 함께 있는 것이 내가 너희와 함께
   하는 방식이라고 이해한다는 것을.

39
친구 같은 거침없는 야만인…… 그는 누구인가?
그는 문명을 기다리는가 아니면 그것을 지나 다스리고 있나?

그는 야외에서 키워진 남서부 사람인가? 캐나다 사람인가?
그는 미시시피 시골 출신인가? 아니면 아이오와나 오리건,
   아니면 캘리포니아? 아니면 산골 출신인가? 아니면 평원,
   아니면 숲 속, 아니면 바다 출신인가?

그가 어디로 가든 남자들과 여자들은 그를 받아들이고 그를
   원한다,
그들은 그가 그들을 좋아하며 만지고 말하고 그들과 함께
   머물기를 원한다.

---

33 eleves. élève는 불어로 〈학생〉을 뜻한다.

눈송이처럼 무법의 행동…… 풀잎처럼 소박한 말…… 빗질도 하지 않은 머리와 웃음과 천진난만함,
느린 발걸음과 보통의 외모, 그리고 평범한 태도와 감화력,
그것들은 그의 손가락 끝에서부터 새 모습으로 내려온다,
그것들은 그의 체취나 숨결로 떠돌고…… 그것들은 그의 눈길에서 나와 날아다닌다.

40

햇살의 허세 나는 네가 비추는 것을 원치 않는다…… 누워라!
너는 표면만을 비춘다…… 나는 표면을, 또한 깊이를 강요한다.

대지여! 너는 내 손에서 무언가 찾는 모양이구나,
늙은 머리여 말하라! 너는 무엇을 원하는가?

남자 혹은 여자여! 내가 너를 얼마나 좋아하는지 말하고 싶지만, 그럴 수 없다,
내 속에 있는 것과 네 속에 있는 것을 말하고 싶지만, 그럴 수 없다,
내가 지닌 갈망을…… 내 밤낮의 맥박을 말하고 싶지만.

내가 어떤 강연도 하지 않고 조그마한 자비도 베풀지 않음을 보라,
내가 주는 것을 나는 나 자신으로부터 준다.

너, 무능력자, 저기 무릎을 꺾고 널브러져 내가 네 속으로 먹
    을 것을 날려 넣을 때까지 수건 두른 입을 벌리고 있구나,
네 손바닥을 벌리고 네 주머니 뚜껑을 열어라,
나는 거부당하고 싶지 않다…… 나는 압도한다…… 나는 충
    분히 저장하고 있고 나누어 줄 것도 많다,
내가 무엇을 갖고 있든 나는 나누어 준다.

나는 네가 누구인지 묻지 않는다…… 그것은 내게 중요하지
    않다,
너는 아무것도 하지 않아도 된다, 그리고 내가 너에게 주는
    것 외에는 아무것도 아닐 수 있다.

목화밭의 노동자나 옥외 변소 청소꾼에게 나는 기댄다……
    그의 오른뺨에 가족으로서 키스한다,
그리고 그를 결코 부인하지 않을 것을 내 영혼을 걸고 맹세
    한다.

임신하기 적당한 여자들에게 나는 더 크고 영특한 아기들을
    갖게 한다,
오늘 나는 훨씬 더 건방진 공화국의 도구들을 내뿜고 있다.

죽어 가는 사람에게는…… 나는 그곳으로 재빨리 가서 문고
    리를 비튼다,
침대보를 침대의 발치로 돌린다,

의사와 목사를 집으로 돌아가게 한다.

나는 죽어 가는 사람을 사로잡고…… 거부할 수 없는 의지로 그를 일으킨다.

아 절망하는 자여, 여기 내 목이 있다,
오 세상에! 당신은 내려가지 않을 것이다! 당신의 온 무게를 내게 매달아라.

나는 대단한 호흡으로 당신을 팽창시킨다…… 나는 당신을 부양(浮揚)한다,
나는 집 안의 모든 방을 무장한 힘으로 채운다…… 나를 사랑하는 사람들로, 무덤과 싸우는 사람들로 가득 채운다.
자라! 나와 그들이 밤새 지킬 테니,
의심할 바 없이, 어떤 죽음도 감히 당신에게 손가락 하나 까딱하지 못할 것이다,
나는 당신을 포옹하고 이제부터 당신을 나 자신에게 소속시킨다,
그리하여 당신이 아침에 일어날 때 당신은 내가 당신에게 말한 것이 그렇게 있음을 알게 될 것이다.

41
나는 병자들이 등을 대고 누워 헐떡일 때 그들에게 도움을 주는 바로 그 사람이다,

또한 강하고 올곧은 사람들에게 나는 더 많은 도움을 준다.

나는 우주에 대해 알려진 바를 들었다,
그것을 듣고 수천 년 동안 일어난 여러 가지에 대해 들었다.
그것은 이제까지와 마찬가지로 그저 그러하다…… 그러나 그것이 전부일까?

찬양하고 전념하면서 나는 온다,
출발선에서 늙고 신중한 도붓장수들보다 비싸게 값을 매기며,
그들이 인류와 영원에 제공한 것들은 많아 봐야 나 자신의 감상적인 눈물의 분출보다 덜하고,
나 자신 여호와의 정확한 특질들을 받아들이며, 그것들을 멀리 치우며,
크로노스와 그의 아들 제우스, 그의 손자 헤라클레스를 석판으로 인쇄하며,
오시리스와 이시스, 벨루스와 브라흐마, 아도나이[34]의 밑그림을 사서,
내 작품집 속에 느슨하게 매니토[35]를 놓고, 알라는 표지에,

---

34 Osiris. 이집트의 신으로, 자연의 생명력을 상징한다.
Isis. 오시리스의 남매이자 아내로서 다산을 상징한다.
Belus. 아시리아의 전설적인 신이자 왕.
Brahma. 힌두교의 신.
Adonai. 〈우리 주〉를 뜻하는 신의 존칭.
35 Manito. 아메리카 원주민의 혼령.

그리고 십자가를 새겨 넣으며,

오딘[36]과 함께, 흉측한 얼굴의 멕시틀리[37]와, 모든 우상들 이미지들과 함께,

그들이 값하는 것 전부, 한 푼도 보태지 않고 정직하게 받아들이며,

그들이 살아 있었고 그들 시대의 일을 했음을 인정하며,

그들이 깃털도 나지 않은 새들을 미력하나마 잉태하고 있었음을 인정하면서, 그 새들은 지금 일어나 날며 노래하고 있으니,

나 자신 안에 더 나은 것을 채우려고 조악한 신격의 밑그림을 받아들이면서…… 내가 만나는 남자와 여자 각각에게 자유롭게 그것들을 맡기면서,

집 한 채를 이루는 구성체 안에서 아주 많이, 혹은 더 많이 발견하면서,

소매를 걷어붙이고 나무망치와 끌을 다루는 그에게 더 큰 권리를 주면서,

특별한 계시에 반대하지 않고…… 구불구불한 연기, 내 손등의 털 하나도 어떤 계시만큼이나 궁금해하면서,

내게는 고대 전쟁의 신들보다 더 많은 의미를 지니는, 소방차와 사다리차의 밧줄을 붙잡고 있는 사람들,

파괴의 와해 사이로 울려 퍼지는 그들의 음성,

까맣게 타버린 윗가지를 안전하게 지나는 그들의 억센 사

---

36 Odin. 옛 북유럽의 신.
37 Mexitli. 아즈텍족의 전쟁 신.

지…… 온전하고 불꽃으로부터 상처 입지 않은 그들의 하얀 이마,

태어난 모든 사람들을 위해 애원하며 아기에게 젖을 물리고 있는 수리공 아내 곁의,

허리까지 늘어진 셔츠를 입은 세 명의 원기 왕성한 천사들에게서 한 줄로 늘어서서 추수하느라 슥슥 소리를 내는 세 개의 낫,

붉은 머리칼을 하고 과거와 미래의 죄에 대해 참회하는 뻐드렁니의 마부,

자기가 가진 것을 모두 팔아 도보로 길을 떠나 아우의 변호사를 만나 값을 치르고는 아우가 사기죄로 재판받는 동안 그 옆에 앉는 그를 기억하면서.

내 주변 사방 얼마간에 퍼져 나가 가장 넓게 퍼졌으나, 그 사방 얼마간을 꽉 채워지는 않았던 것,

결코 절반만큼도 존경받아 보지 못한 황소와 곤충,

꿈꾸던 것보다 더 감탄할 만한 똥과 오물,

가치 없는 초자연…… 나의 시간이 최상의 존재들 중의 하나가 되기를 기다리던 나 자신,

내가 최선의 사람들만큼 좋은 일을 하고, 경이로운 사람이 될 때,

강단에서나 인쇄물로 칭찬받는 것이 나를 그리 부추기지 않을 그때의 나 자신을 상상하며.

내 삶의 옹보로! 벌써 창조자가 되어 간다!

나 자신을 여기 이곳 그림자들의 숨은 자궁에 누이며!

42

…… 군중 속에서 부르는 소리,
나 자신의 목소리, 낭랑하고 맹렬한, 최후의.

오라 내 아이들이여,
나의 소년들과 소녀들이여, 나의 여자들과 가족과 친구들이여,
지금 연주자가 용기를 발휘하기 시작한다…… 그는 내면의 리드[38]들로 자신의 서곡을 막 지났다.

쉽게 쓰인 느슨한 손가락의 화음들! 나는 그 절정과 끝맺음의 통김을 느낀다.

나의 머리는 목 위에서 돌아간다,
음악이 돌아가지만, 기관으로부터가 아니다…… 사람들은 내 주변을 돌지만, 그들은 내 가족이 아니다.

늘 단단하고 가라앉지 않는 땅,
늘 먹고 마시는 사람들…… 늘 오르내리는 태양…… 늘 떠도는 공기와 끊임없는 파도,
늘 나 자신과 이웃, 상쾌하고 사악하고 현실적인,
늘 그 오래된 설명할 수 없는 질문…… 늘 저 가시 많은 엄지

---

38 reed. 관악기의 진동판. 공기 흐름으로 진동하여 소리를 낸다.

— 그 가려움과 갈증의 숨결,
늘 괴롭히는 자의 야유! 야유! 우리가 그 교활한 놈이 어디에 숨어 있는지를 알아내어 그를 끄집어낼 때까지 계속되는.
한결같이 사랑하고…… 한결같이 흐느끼는 삶의 습기,
한결같은 턱 밑의 반창고…… 한결같은 죽음의 버팀 다리.

여기저기 동전을 눈에 달고 걸어가는,[39]
배의 탐욕을 채우려고 멋대로 숟가락질하는 머리들,
표를 사거나 받거나 파는, 그러나 축제에는 단 한 번도 가지 않는,
땀을 흘리고 쟁기질하고 탈곡하는, 그러고는 임금으로 쌀겨나 받는 많은 사람들,
몇몇 사람들, 빈둥거리며 소유하는, 계속하여 밀을 원하는.

이것이 도시다…… 나는 그 시민들 중 하나다,
다른 사람들에게 흥미로운 것은 무엇이든 내게 흥미롭다……
　정치, 교회, 신문, 학교,
인정 많은 사회, 개선, 은행, 세금, 증기선, 공장, 시장,
증권, 가게, 부동산업, 개인 자산.

이곳에서 옷깃을 세운 연미복 차림으로 빈둥거리며 잡담하

---

[39] 무덤에 묻을 때까지 시체의 눈에 동전을 놓아 눈을 감게 했던 풍습에 따른 표현.

는 사람들…… 나는 그들이 누구인지 알고 있다…… 그들이 벌레나 벼룩이 아니라는 것도,
나는 꽉 다문 입술과 통바지의 은폐로 나 자신을 위장했음을 인정한다.

가장 나약하고 가장 비열한 것이라 할지라도 내 안에서 죽지 않는다,
내가 행하고 말한 것과 똑같은 것이 그들을 기다린다,
내 안에서 버둥거리던 모든 생각들과 똑같은 것이 그들 안에서 버둥거린다.

나는 나 자신의 이기주의를 낱낱이 알고 있다,
그리고 내 잡식성의 언어들을 알고 있으며, 보다 덜 말할 수 없다,
그래서 당신이 누구든 나 자신 얼굴을 붉히며 당신을 끌어올 수 있으리라.

나의 말은 질문하는 말이며 현실을 나타내기 위한 것이다.
이 인쇄되어 묶인 책…… 그런데 인쇄기와 인쇄소 소년은?
결혼의 유산과 정착…… 그런데 신부의 몸과 마음은? 그리고 신랑의 몸과 마음은?
바다의 파노라마…… 그런데 바다 그 자체는?
잘 찍은 사진들…… 그런데 친근하고 확신 있게 당신의 팔짱을 낀 아내나 친구는?

배들로 열 지은 함대와 모든 현대적인 발전…… 그런데 함장
의 기술과 용기는?

음식과 식사와 가구…… 그런데 주인과 안주인, 그들 시선이
내다보는 것은?

저기 하늘 높이…… 그런데 여기, 바로 이웃이나 길 건너는?

성인들과 역사 속의 현인들…… 그런데 당신 자신은?

설교와 원칙과 신학…… 그런데 인간의 머리와 이성이라 불
리는 것, 그리고 사랑이라 불리는 것, 또한 삶이라 불리는
것은?

43

나는 당신들 사제들을 무시하지 않는다,

내 믿음은 그 어떤 믿음들보다 깊고 또한 옅다,

옛날과 현대의 모든 숭배를 포함하여, 그리고 그 사이에 있
는 모든 것을 포함하여,

내가 5천 년 후 다시 대지에 올 것을 믿으며,

기적으로부터의 응답을 기다리며…… 신들을 경배하며……
태양에 머리 숙이며,

최초의 바위나 나무 그루터기를 물신으로 삼으며…… 신전[40]
의 원 안에서 막대로 의식을 치르며,[41]

라마교 승려나 브라만이 우상의 등불을 정돈할 때 그를 도
우며,

---

40 obis. 나이지리아어로 〈의식을 행하는 집〉이라는 뜻.
41 powwow. 종교적, 마술적 의식을 치르는 것을 의미한다.

남근 행진에 참여하여 거리를 돌며 춤을 추며…… 황홀경에
빠져 금욕 생활을 하는 숲 속의 나체 고행자로,

해골바가지로 벌꿀 술을 마시며…… 섀스타[42]와 베다에 경
배하며…… 코란을 되새기며,

돌과 칼에서 흘러나온 핏덩어리로 얼룩진, 테오칼리[43]를 걸
으며 ─ 뱀가죽으로 만든 북을 치면서,

성령을 받아들이며, 십자가에 못 박힌 그를 받아들이며, 그
가 성스러운 존재임을 분명히 이해하며,

미사 중 무릎을 꿇으며 ─ 청교도의 기도에 몸을 일으키며
─ 신자석에 인내심으로 앉아서,

나의 정신 나간 위기 속에서 고함치고 게거품을 물면서 ─
나의 영혼이 나를 일으킬 때까지 마치 죽은 것처럼 기다
리면서,

길과 땅을 바라다보며, 그리고 길과 땅 밖을 바라다보며,

순환들 속에서 순환하는 나선 계단에 속하여.

구심과 원심의 무리들 중 하나로,

나는 돌아서서 마치 여행에 앞서 의무에서 벗어나는 사람인
양 말한다.

낙담한 의심가들, 멍청하고 배제된,

---

42 Shasta. 힌두교 성전(聖典)인 Shastra를 가리킨다.
43 teokallis. teokalli는 달걀 모양의 피라미드와 그 위의 건축물로 이루
어진 아스텍족의 종교적 유물이다.

제멋대로의 우울한 기죽은 화난 감동한 낙담한 무신론의,
당신들, 나는 당신들 각각을 알며, 던져지지 않은 질문들을
 안다,
경험으로 나는 그것들을 안다.

넙치들은 어찌나 첨벙대는지!
균열을 일으키고 피를 뿜으며 얼마나 번개같이 비트는지!

의심꾼들과 우울한 얼간이들의 빌어먹을 넙치들이여, 부디
 평안하기를,
내가 다른 사람들과 함께이듯 당신들 사이에 내 자리를 잡
 으리니,
과거는 당신과 나, 그리고 정확히 똑같은 모두의 뱃심,
낮과 밤은 당신과 나, 모두를 위한 것,
아직 시도되지 않았고 나중에 올 것들은 당신과 나, 그리고
 모두를 위해 있다.

나는 무엇이 시도되지 않았고 나중에 올는지 알지 못한다,
그러나 나는 그것이 분명히 존재하며 살아 있고 충분하다는
 것을 안다.

지나가는 것 각각이 살펴지고, 멈추는 것 각각이 살펴지며,
 그 어느 하나 보살펴지지 않는 것 있을 수 없다.

젊어 죽어 묻힌 남자가 제외될 수 없다,

젊어 죽어 그의 옆에 묻힌 여자도,

문에서 엿보다 사라져 다시 보이지 않게 된 작은 아이도,

목적 없이 살다 그렇게 사는 것이 쓸개보다 더 쓰라리다는 것을 느끼는 늙은 사람도,

술과 악한 무질서로 결핵 결절이 생긴 구빈원의 그 사람도,

학살되고 파산한 수많은 사람들도…… 인간의 오물이라 불린 잔혹한 코부족[44]도,

음식이 들어오게 입을 열고 그저 돌아다니는 사크족[45]도,

지구 상의 어떤 것도, 지구의 가장 오래된 무덤 저 안에 있는 것도,

우주의 신비로움 속에 있는 어떤 것도, 우주에 살고 있는 신비로움들 중 어느 하나도,

현재도, 알려진 것들 중 가장 작은 조각도.

44

나 자신을 설명할 시간이다…… 자, 일어서자.

알려진 것을 나는 벗어 버린다…… 나는 모든 남자들과 여자들을 나와 함께 미지의 것을 향해 진출시킨다.

시계가 그 순간을 가리킨다…… 그런데, 영원은 무엇을 가리

---

[44] Koboo. 인도네시아 수마트라 지역의 습지대에 살았던 반유목의 삼림족.
[45] Sacs. 북미 인디언의 한 종족. Sauks라고도 한다.

키는가?

영원은 밑바닥 없는 저수지 안에 있다…… 그 물통은 영원히
 계속하여 올라온다,
그것들은 쏟아 내고 쏟아 내고 증발하여 사라진다.

우리는 지금까지 수조[46] 번의 겨울과 여름을 소진해 왔다,
앞으로 수조 번이 있고, 그들 앞으로 또 수조 번이 있다.

탄생은 우리에게 풍요로움과 다양함을 가져왔다,
그리고 다른 탄생들이 우리에게 풍요로움과 다양함을 가져
 올 것이다.

나는 어느 것이 더 크다고도 어느 것이 더 작다고도 하지 않
 는다,
그 때와 장소를 채우는 것은 어느 것과도 동등하다.

나의 형제, 나의 자매여, 사람들이 당신에게 잔혹했나? 당신
 을 시기했나?
나는 당신에게 미안하다…… 그들은 내게 잔혹하지도, 나를
 시기하지도 않는다,
모두가 내게는 신사적이었다…… 그래서 나는 한탄하는 것

---

46 trillion. 10^{12} 또는 10^{18}에 해당하는 수.

과 관련이 없다,
내가 한탄해서 무엇 하겠는가?

나는 성취된 것들의 절정이며, 나는 존재하는 사물들의 포괄자다.

내 발은 계단들 각각의 끝을 찬다,
각각의 계단 위의 세월의 꾸러미들, 그리고 그 계단들 사이의 더 큰 꾸러미들,
그 모든 아래를 충분히 밟으며 — 그렇게 여전히 나는 오르고 오른다.

오르고 오르자 내 뒤에서 환영들이 고개를 숙인다,
저 먼 아래에서 나는 거대한 최초의 무(無), 죽음의 코에서 나온 증기를 본다,
나는 내가 정녕 그곳에 있었음을 안다…… 나는 들키지 않고 늘 기다렸다,
그리고 하느님이 졸음에 겨운 안개 사이로 나를 데려가는 동안 잠이 들었다,
그리하여 내 시간을 누렸고…… 고약한 냄새 나는 탄소로부터 아무 상처도 입지 않았다.

오래오래 나는 꼭 안겼다…… 오래오래.

나를 위한 준비는 거창했고,
나를 도운 손길들은 충직하고 친절했다.

자전거가 내 요람을 실어 날랐다, 마치 쾌활한 선원처럼 페달을 밟고 또 밟으며,
나에게 여유를 주기 위해 별들은 그들 각자의 원을 그리며 곁을 지켰고,
나를 붙들고 있는 것을 보살피기 위해 영향력을 행사했다.

내가 어머니에게서 태어나기 전 여러 세대들이 나를 보호했다,
나의 태아는 무기력한 적이 없다…… 아무것도 그 위를 덮을 수 없었다.
성운이 그것을 위해 구체로 응집했고…… 길고 느린 기층이 그 위에 쌓여 계속 지지했고…… 거대한 식물들이 그것에 지속성을 부여했다,
괴물 같은 도마뱀들이 그것을 입으로 날라 조심스럽게 놓아두었다.

모든 힘들이 점차 나를 완전케 하고 기쁘게 하기 위해 동원되었다,
지금 나 내 영혼과 함께 여기 서 있다.

45

젊음의 시간! 늘 추진되는 유연성! 균형 잡힌 화사하고 완벽한 성인(成人)이여!

내 연인들이 나를 숨 막히게 한다!
내 입술을 꽉 채우고, 내 피부의 땀구멍을 가득 채우며,
길거리와 공공의 홀에서 나를 떠밀고⋯⋯ 밤이면 알몸으로 내게 다가오며,
낮이면 강가 바위에서 고함치고⋯⋯ 몸을 흔들며 내 머리 위에서 새처럼 노래하며,
꽃밭이나 덩굴, 혹은 엉켜 있는 관목 사이에서 내 이름을 부르며,
아니면 내가 수영장에서 수영을 할 때⋯⋯ 구석의 펌프에서 물을 마실 때⋯⋯ 오페라에서 커튼이 내려갈 때⋯⋯ 아니면 내가 기차에서 어떤 여자의 얼굴을 흘낏 쳐다볼 때,
내 삶의 매 순간 불을 밝히며,
부드럽고 향기로운 입술로 내 몸에 키스하며,
그들의 가슴에서 한 손 가득 소리 없이 꺼낸 그것들을 내 것이 되게 건네면서.

웅대하게 솟아오르는 나이 든 사람들이여! 죽어 가는 나날들의 말할 수 없는 우아함이여!

모든 상황은 스스로를 퍼뜨릴[47] 뿐 아니라⋯⋯ 이후에 자라

나는 것과 자신에게서 자라나는 것들을 퍼뜨리며,
어둠의 고상함[48]도 어느 것 못지 않게 많이 퍼뜨린다.

나는 밤이면 내 천창을 열고 멀리 흩뿌려지는 우주를 바라본다,
나는 모든 것이, 내가 계산할 수 있는 한 높이, 더 머나먼 우주의 테두리가 아닌 그 가장자리까지 증폭하는 것을 바라본다.

넓게 더 넓게 그들은 퍼져 나간다, 팽창하고 또 팽창하면서,
밖으로 밖으로 영원히 밖으로.

나의 태양은 그의 태양을 지니며, 그의 주변을 복종하듯 돌고 있다,
그는 자신의 짝과 함께 더 나은 천체의 그룹에 합류한다,
그리하여 더 큰 집단이 뒤따른다, 그들 속에 가장 커다란 것들로 점들을 찍으며.

정지는 없다, 그래서 결코 정지할 수 없다.
만약 나와 당신, 세계들, 그들 표면 위나 아래의 모든 것들, 손으로 만질 수 있는 모든 생명들이 바로 이 순간 활기라고는 없는 부유물로 되돌아가 축소된다 해도, 그것은 장

---

47 promulge. promulgate와 같은 뜻의 단어로, 널리 퍼뜨린다는 의미이다.
48 dark hush. 〈죽음〉을 뜻한다.

기적 관점에서는 소용없는 일이 될 것이다,
우리는 지금 우리가 서 있는 곳에서 분명 다시 떠오를 것이다,
분명히 훨씬 더 멀리 갈 것이며, 더 멀리멀리 갈 것이다.

수억 년의 시대, 몇 옥틸리언[49] 입방체의 연맹, 그 길이를 위협하거나 그것을 화나게 하지 말라,
그것들은 그저 부분들일 뿐이다…… 어느 것도 그저 한 부분일 뿐이다.

늘 그렇게 멀리 보라…… 그 너머에 무한한 공간이 있으니,
늘 그렇게 많이 헤아리라…… 그 주변에 무한한 시간이 있으니.

우리의 만남은 적절히 약속된 것…… 하느님이 그곳에서 우리가 올 때까지 기다릴 것이다.

46

나는 내가 최상의 시간과 공간을 가졌음을 알고 있다 — 내가 결코 측정되지 않았으며 앞으로도 측정되지 않을 것도.

나는 영원한 여행을 떠나고 있다,
내 표식은 비옷과 좋은 신발과 숲에서 자른 지팡이다,

---

[49] octillion. 10^{27} 또는 10^{48}에 해당하는 수.

내 친구 중 누구도 내 의자에서 편치 않다,
나는 의자도 교회도 철학도 없다,
나는 저녁 식탁, 도서관, 대화에 아무도 초대하지 않는다,
그러나 각각의 남자와 여자들을 나는 작은 언덕으로 이끈다,
내 왼손은 당신의 허리를 빙 두르고,
내 오른손은 대륙의 풍경들과 평평한 대로를 가리킨다.

나도, 다른 누구도, 당신을 위해 저 길을 여행할 수 없다,
당신은 당신 스스로 그 길을 여행해야 한다.

그것은 멀리 있지 않다. 그것은 바로 닿을 거리에 있다,
아마 당신은 태어난 후 그곳에 가본 적이 있을 것이나, 알지는 못했다,
그곳은 물 위와 땅 위 어느 곳에나 있다.

당신의 누더기를 어깨에 걸쳐라, 나는 내 것을 걸칠 터이니, 자 서둘러 가자,
멋진 도시들과 자유로운 국가들을 우리 갈 때 가져갈 것이다.

당신 지치면 모든 짐을 내게 건네고, 당신 도톰한 손을 내 엉덩이에 올려라,
그리고 곧 내게 똑같은 서비스로 갚아야 한다,
그렇게 출발한 뒤에 우리는 두 번 다시 나란히 눕지 않을 것이다.

오늘 새벽이 오기 전 나는 언덕을 올라 구름 가득한 하늘을 올려다보았다,
그리고 내 영혼을 향해 물었다, 우리가 저 원체들과 그 속에 있는 모든 것을 아는 기쁨의 소유자가 될 때 충만하고 만족스러워할까?
그러자 내 영혼이 대답했다, 아니, 우리는 저 상승 기류를 평평히 하여 지나게 하고 저 너머로 계속 나아갈 것이다.

당신 또한 내게 질문하고, 나는 듣는다,
나는 내가 답할 수 없다고 답한다…… 당신은 당신 스스로 알아내야 한다.

여행객이여 잠시 앉아라,
여기 먹을 비스킷과 마실 우유가 있다,
그러나 당신이 잠들어 아름다운 옷을 입고 새로이 태어나는 즉시 나는 당신에게 작별의 입맞춤으로 분명히 입 맞추고 당신이 이제부터 나아갈 수 있는 문을 열어 놓을 것이다.

충분히 오랫동안 당신은 경멸받을 만한 꿈을 꾸어 왔다,
이제 내가 당신의 눈에서 눈곱을 씻어 주니,
당신은 눈부신 빛과 당신 삶의 모든 순간으로 당신 자신의 옷을 입어야 한다.

이미 오랫동안 당신은 흐릿하게 시들어 왔다, 해안가에서

널빤지 하나 붙들고,
이제 내가 당신을 용감히 헤엄치게 하리라,
바다의 한가운데로 뛰어들어, 다시 솟구쳐 나와 내게 고개를 끄덕이며 소리쳐라, 웃으며 당신의 머리칼을 흔들어라.

47
나는 운동선수들의 교사다,
나보다 더 넓은 가슴을 내 옆에서 펼치는 그는 나 자신의 가슴 넓이를 드러낸다,
그는 대체로 내 방식을 존중하고 그것을 따라 익혀 결국 교사를 파멸시킨다.

내가 사랑하는 소년, 그와 똑같은 소년은 물려받은 힘이 아니라 자기 자신의 힘으로 어른이 된다,
순응이나 두려움으로 덕스럽기보다는, 사악하고,
애인을 좋아하고, 자기 스테이크 간을 잘 맞추며,
짝사랑이나 경멸에 상처보다 더 심히 베이고,
말 타기, 싸움하기, 황소 눈 치기, 작은 배 몰기, 노래 부르기, 밴조 연주하기에 있어 일품이며,
거품 내어 면도한 사람들[50]과 햇살에서 비켜서는 사람들보다 상처와 마마 자국으로 팬 얼굴들을 더 좋아한다.

---

50 latherers. 말끔하게 면도한 사람들을 가리키는 말.

나는 나로부터 벗어날 것을 가르치지만 누가 나로부터 벗어
 날 수 있겠는가?
나는 지금부터 당신이 누구든 당신 뒤를 따른다,
나의 말은 당신이 이해할 때까지 당신의 귀를 간질인다.

나는 돈을 바라서, 배를 기다리는 그 시간을 메우기 위해 이
 런 말들을 하는 것이 아니다,
나와 마찬가지로 많은 말을 하는 것은 바로 당신…… 나는
 당신의 혀로 행동한다,
그것은 당신의 입안에 붙어 있었다…… 그것이 내 입안에서
 느슨해지기 시작한다.

나는 집 안에서 사랑이나 죽음을 거론하지 않기로 맹세한다,
개방된 대기 속에서 나와 함께 은밀히 머무는 그나 그녀에
 게가 아니면 결코 나 자신을 설명하지 않기로 맹세한다.

당신 나를 이해하고 싶다면 꼭대기나 물가로 가라,
가장 가까이 있는 각다귀가 하나의 설명이 되고 물방울 하
 나, 혹은 물결의 움직임이 열쇠가 된다,
망치, 노, 작은 톱이 내 말을 보강한다.

부서진 방이나 학교는 나와 소통할 수 없다,
작고 거친 아이들이 그들보다 낫다.

어린 기계공이 나와 가장 가깝다…… 그는 나를 아주 잘 안다,
도끼를 들고 찍어 대는 벌목공이 나를 온종일 데리고 다닐
 것이다,
들판에서 쟁기질하는 농장 소년은 내 목소리에 기분이 좋다,
항해하는 배를 타고 내 말[言]들은 항해해야만 한다…… 나
 는 어부들 선원들과 함께 가고, 그들을 사랑한다,
내 얼굴을 사냥꾼의 얼굴과 비빈다, 그가 그의 담요 속에 홀
 로 누워 있을 때에,
나를 생각하는 운전사는 그의 차가 기우뚱하는 것을 신경
 쓰지 않는다,
젊은 어머니와 늙은 어머니는 나를 이해할 것이다,
소녀와 아내는 바늘을 잠시 내려놓고 그들이 어디에 있는지
 잊어버린다,
그들, 그리고 모두가 내가 그들에게 말한 것을 다시 이어 갈
 것이다.

48

나는 영혼이 곧 육체라 말한 바 있고,
또 육체가 곧 영혼이라 말한 바 있다,
그 무엇도, 하느님조차도 자신의 자아가 위대한 것 이상으
 로 위대하지 않다,
동정심 없이 얼마간의 거리를 걷는 사람은 누구든 자신의
 장례식장으로, 수의 차림으로 걸어간다,
주머니에 한 푼도 없는 나나 당신은 지구의 한 줌 정도를 살

지도 모르고,

한쪽 눈으로 흘깃 보거나 꼬투리 속에 든 콩알 하나를 보여주는 것은 모든 시대의 학문을 부끄럽게 한다,

또한 일이나 직업을 좇는 젊은이가 영웅이 될 수 없다면 아무런 일도 직업도 없는 것이다,

바퀴 달린 우주의 중심이 되지 않고서는 그 사물은 그리 부드러운 것이 될 수 없다,

남자든 여자든 누구라도 백만의 우주 앞에 냉철하고 오만하게 서게 될 것이다.

나는 사람들에게 명한다, 하느님에 대해 호기심을 갖지 말라고,

각각의 사람들에게 호기심을 갖고 있는 나는 하느님에게 호기심이 없으니,

어떤 말을 늘어놓아도 내가 하느님과 죽음 앞에서 얼마나 평화로운지 말할 수 없다.

나는 모든 객체들 속에서 하느님을 듣고 본다, 내가 하느님을 조금도 이해하지 못한다 해도,

또한 나 자신보다 더 놀라운 누가 있을 수 있는지 알지 못한다 해도.

왜 내가 다름 아닌 오늘 하느님을 보길 원해야 하나?

나는 스물네 시간 내내 매 시간마다, 매 순간마다 하느님의

무언가를 본다,

남자들과 여자들의 얼굴에서, 그리고 거울 속 나 자신의 얼굴에서,

나는 하느님으로부터 길거리에 떨어져 내린 편지들을 본다, 그 하나하나에 하느님의 이름이 서명되어 있다,

나는 그것들을 있던 자리에 두고 떠난다. 왜냐하면 나는 다른 사람들이 때가 되면 영원히 계속하여 올 것임을 알기 때문이다.

49

너 죽음, 너 필멸의 쓰라린 포옹…… 나를 놀라게 하려 해도 부질없다.

자신의 일을 피하지 않고 산파가 온다,

나는 경험 많은 손이 누르고 받고 돕는 것을 본다,

나는 아름답고 유연한 문가에 기대어 그 분출을, 그 구출과 유출을 목격한다.

그리고 당신의 시체에 대해 말하자면 나는 당신이 좋은 비료라고 생각한다, 그러나 그것이 나를 언짢게 하지는 않는다,

나는 달콤한 향을 풍기며 자라나는 하얀 장미의 향기를 맡고,

그 잎사귀들의 입술에 닿으며…… 멜론의 깨끗한 가슴에 닿는다.

또한 당신 삶에 대해 말하자면, 나는 당신을 숱한 죽음의 찌
 꺼기라고 여긴다,
의심할 바 없이 나는 이전에 수천 번이나 죽었다.

나는 당신이 저기 천국의 별들이네, 라고 속삭이는 소리를
 듣는다,
아 태양…… 아 풀잎들…… 아 영원한 이동과 상승…… 당신
 이 아무 말도 하지 않으면 어찌 내가 무어라 말할 수 있겠
 는가?

가을 숲 속에 있는 흙탕물 웅덩이에 대하여,
윙윙 소리 내는 별빛의 가파른 계단들을 내려가는 달에 대
 하여,
흔들림, 낮과 어둠의 불꽃, 오물 속에서 썩어 가는 검은 줄
 기 위의 흔들림,
메마른 사지의 이해할 수 없는 신음으로의 흔들림에 대하여.

나는 달에서부터 오른다…… 나는 밤에서부터 오른다,
햇살이 비추는 유령 같은 광휘를 인식한다,
크든 작든 그 파생물로부터 고정된 중심부로 나온다.

50
내 안에 저것이 있다…… 나는 그것이 무엇인지 모른다……
 그러나 나는 그것이 내 안에 있음을 안다.

비참하고 축축하게…… 평온하고 냉정하게, 그때 내 몸은 그리 된다,
나는 잠잔다…… 나는 오랫동안 잠을 잔다.

나는 그것을 모른다…… 그것은 이름이 없다…… 그것은 말해지지 않은 언어다,
그것은 어떤 사전에도 말에도 상징에도 없다.

그것은 내가 그 위를 빙빙 도는 지구보다 큰 많은 것 위에서 빙빙 돈다,
그것에게 창조는 나를 껴안아 깨우는 친구다.

아마도 나는 더 많은 말을 할는지 모르겠다…… 개요! 나는 내 형제자매들에게 애원한다.

당신 오, 내 형제자매들을 보는가?
그것은 혼란도 죽음도 아니다…… 그것은 형태이며 결합이며 계획이다…… 그것은 영원한 삶이며…… 그것은 행복이다.

51

과거와 현재는 쇠퇴한다…… 나는 그것들을 채우고 비웠다,
그리고 미래의 내 다음 우리를 채우러 나아간다.

저기 청중이여! 여기 당신…… 당신은 나에게 무엇을 털어놓을 것인가?
내 얼굴을 보아라, 내가 저녁의 옆걸음질을 알아채는 동안,
정직하게 말해라, 그 누구도 당신 말을 듣지 않으니, 그리고 나는 그저 잠깐 머무를 따름이니.

나는 나 자신과 모순되는가?
그렇다면 아주 잘되었다…… 나는 나 자신과 모순이다,
나는 크다…… 나는 다량의 것을 품고 있다.

나는 가까이 있는 것들에 집중한다…… 나는 문 널빤지 위에서 기다린다.

누가 하루의 일을 마치고 가장 먼저 저녁 식사를 끝낼까?
누가 나와 함께 걷고 싶어 할까?

내가 가기 전에 당신이 말할까? 이미 너무 늦었다는 것을 당신이 증명해 낼까?

52

점박이 매가 덤벼들어 나를 비난한다…… 그가 내 잡담과 빈둥거림에 불평한다.

나는 또한 조금도 길들여지지 않는다…… 나는 또한 설명될

수 없다,
나는 세상의 지붕 너머로 야만적인 고함을 내지른다.

하루의 마지막 돌풍이 나 때문에 물러선다,
그것은 어두워진 황무지 위로 나머지 것들과 진실한 것들을 닮은 내 모습을 내던진다,
그것은 안개와 어스름으로 나를 달랜다.

나는 공기처럼 떠난다…… 나는 달려가는 태양에 내 하얀 머리 타래를 흔든다,
나는 내 육체를 소용돌이 속에 방출하고 레이스의 넝마 조각으로 떠다닌다.

내가 사랑하는 풀에서 자라나기 위해 나는 나 자신을 오물에 맡긴다,
당신이 다시 나를 원한다면 당신의 구두창 밑에서 나를 찾아라.

당신은 내가 누구인지, 내가 무엇을 의미하는지 결코 알지 못하리라,
그러나 나는 그럼에도 불구하고 당신에게 건강을 줄 것이다,
그리고 당신의 피를 거르고 섬유질을 공급할 것이다.

처음에 나를 뽑는 것에 실패해도 계속 용기를 가져라,

한 곳에서 나를 놓쳐도 다른 곳에서 찾아라,
나는 당신을 기다리는 곳에서 가만히 서 있으니.

직업을 위한 노래

1
더 가까이 오라 내게로,
내 연인들을 가까이 밀고 내가 가진 것 중 최상의 것을 취하라,
가까이 더 가까이 와서 당신이 지닌 것 중 최상의 것을 내게 달라.

이것은 나로서는 아직 완성되지 않은 일…… 당신에겐 어떤가?
나는 우리 사이의 차가운 형태와 실린더와 젖은 종이에 오싹해졌다.

나는 종이와 활자들을 지니고 너무나 가난하게 지난다……
나는 육체와 영혼을 접하며 지나야만 한다.

나는 당신이 있는 그대로의 나를 좋아한다 해서…… 나를 만

지는 것을 좋아한다 해서 고마워하지 않는다…… 나는 당
신이 그리하는 것이 좋은 일이라는 것을 안다.

모든 실용적이고 장식적인 교육이 나를 통해 잘 드러난다
면, 그것은 무엇이 되는 걸까?
내가 교장이나 자비로운 자선가나 현명한 정치가라면, 그것
은 또 무엇이 되는 걸까?
내가 당신을 고용하고 임금을 지불하는 상사와 같다면, 그
것은 당신을 만족시킬까?

학식 있고 덕스럽고 자비로운 사람들, 그리고 평범한 말투
를 지닌 사람들,
나와 같은 사람, 그리고 결코 평범한 말투가 아닌 사람.

나는 하인도 주인도 아니다,
나는 적은 대가도 큰 대가도 받지 않는다…… 나는 나를 즐
겁게 하는 사람이면 누구든지 내 사람으로 받아들인다,
나는 당신과 평등할 것이며, 당신은 나와 평등할 것이다.

만약 당신이 남자 노동자거나 여자 노동자라면 나는 같은
가게에서 일하는 가장 가까운 이로서 곁에 있겠다,
만약 당신이 당신의 형제나 절친한 친구에게 선물을 한다면
나는 당신의 형제나 친구와 마찬가지로 요구하겠다,
만약 당신의 애인이나 남편이나 아내가 낮이든 밤이든 환영

받는다면 나 역시 몸소 환영받아야 한다,

만약 당신이 좌천되거나 아프다면, 그러면 나는 당신을 위해 그리 되겠다,

만약 당신이 당신의 바보스럽고 비합법적인 행동들을 기억한다 할 때, 당신은 내가 내 바보스럽고 비합법적인 행동들을 기억할 수 없다 생각하는가?

만약 당신이 식탁에서 흥청대며 마신다면 나는 식탁 반대쪽에서 흥청대며 마시겠다고 말하겠다,

만약 당신이 길거리에서 낯선 사람을 만나 그나 그녀를 사랑하게 된다 하면, 나 또한 가끔 길거리에서 어떤 낯선 사람을 만나 그를 사랑하게 되지 않겠는가?

만약 당신이 내게서 대단히 훌륭한 어떤 것을 본다면 나 또한 마찬가지로 당신에게서 대단히 훌륭한 것을 볼 것이다.

왜 당신은 당신 자신에 대해 무언가를 생각해 왔는가?
그렇다면 당신 자신을 저평가한 것은 바로 당신인가?
바로 당신이 대통령이 당신보다 더 위대하다 생각했는가? 아니면 부자가 당신보다 더 낫다고? 아니면 교육받은 사람이 당신보다 더 현명하다고?

당신이 더럽거나 여드름투성이라서 — 당신이 한때 술주정뱅이였거나 도둑놈, 병자, 류머티즘 환자, 혹은 창녀였기 때문에 — 혹은 지금 그렇다는 이유로 — 불성실함이나 무능력 때문에 — 아니면 당신이 학자도 아니고 인쇄물에

서 당신 이름을 결코 본 적 없다고 해서…… 당신은 자신이 다소 모자란 불멸의 존재라 굴복하는가?

2

남자들과 여자들의 영혼들이여! 내가 보이지 않고 들리지 않고 만질 수 없고 감동적이지 않다 칭하는 것은 당신들이 아니다,
내가 그 장점과 단점을 논하는 것은 당신들이 아니며, 당신들이 살아 있는지 아닌지 알아내려는 것도 아니다,
나는 당신들이 누구인지 공식적으로 인정하는 것이다, 설령 아무도 인정하지 않는다 해도…… 당신들을 보고 들으며, 당신들이 주고받는 것을 인정하는 것이다,
당신들이 주고받지 못할 것이 뭐 있겠는가?

나는 당신들이 공손하거나 하얀 얼굴이라는 것…… 결혼했다거나 독신이라는 것…… 옛 국가의 시민인지 아니면 신생국의 시민인지…… 어떤 직업으로 유명한지…… 연회에서 숙녀인지 신사인지…… 감옥에서 입는 제복을 입고 있는지…… 학생의 제복을 입고 있는지, 그런 것만을 보는 것이 아니다,
자유로운 유타 주의 사람, 캔자스 사람, 아칸소 사람…… 자유로운 쿠바인…… 노예…… 멕시코 원주민이나 평발이나 아프리카 출신 흑인은 아닌지를,
전쟁 포로의 살점을 먹는 이로쿼이족[51] — 바위와 모래로

만든 제 동굴에서 살점을 뜯는 사람…… 눈으로 만든 차갑
고 어두운 집에 사는 에스키모…… 쫙 찢어진 눈의 중국
인…… 베두인족,[52] — 혹은 방황하는 유목민 — 혹은 가축
들의 무리 앞에 있는 타분쉬크,[53]
다 자란 사람, 반쯤 자란 사람, 아기, — 이 나라와 모든 나라
의 — 실내와 실외에서 나는 그들을 본다…… 다른 모든
것은 그들 뒤쪽에 있거나 아니면 그들 사이에 있다.

아내 — 그녀는 남편보다 결코 조금도 부족하지 않다,
딸 — 그녀는 아들과 마찬가지로 정당하다,
어머니 — 그녀는 모든 면에서 아버지와 같다.

부유하지 않은 사람들의 자손들 — 남자아이들은 가게의 점
원이 되고,
젊은 사람들은 농장에서 일하며 늙은 사람들도 농장에서 일
한다,
순진한 사람…… 소박하고 튼튼한 사람…… 투표하러 투표
장으로 가는 사람, 즐거운 시간을 누리는 사람, 힘든 시간
을 보내는 사람,

51 Iroquois. 북아메리카 인디언의 한 부족.
52 Bedowee. 정식 표기는 〈Bedouin〉. 아라비아 반도 내륙부를 중심으
로 시리아, 북아프리카 등지의 사막에 사는 아랍계 유목민을 말한다.
53 tabounschik. 『풀잎』의 1855년판과 1856년판에만 사용된 단어이다.
말들의 무리를 뜻하는 taboun에서 온 어휘로, 〈말 무리를 몰고 가는 사람
들〉의 의미로 쓰인 듯하다.

기계공들, 남부 사람들, 신참들, 선원들, 군인들, 상인들, 무
역업자들,
이 모든 사람들을 나는 본다······ 그러나 더 가까이 더 멀리
나는 똑같은 사람들을 본다,
아무도 나를 피하지 않으리라, 그리고 아무도 나를 피하고
싶어 하지 않으리라.

나는 당신이 늘 갖고 있음에도 정말로 필요로 하는 그것을
가져온다,
나는 돈이나 애인이나 옷이나 먹을 것을 가져오지 않는다······
그러나 그만큼 훌륭한 것을 가져온다.
그리고 나는 대리인이나 중개인을 보내지 않으며······ 가치
를 대리하는 것도 제공하지 않는다 — 그러나 가치 자체
를 제공한다.

지금 그리고 영원히 사람에게로 돌아오는 무언가가 있다,
그것은 인쇄되거나 설교되거나 논의되는 것이 아니다······
그것은 논의나 인쇄를 피한다,
그것은 책으로 쓰일 것이 아니며······ 책 속에 있지 않다,
그것은 당신이 누구든 당신을 위한 것이다······ 그것은 당신
의 청각과 시각이 당신에게서 나오는 것 이상으로 당신에
게서 멀리 있지 않다,
그것은 가장 가깝고 가장 흔하며 가장 먼저 준비된 것으로
암시된다······ 그것은 그것들로 끝없이 자극받기는 하지

만 그것들이 아니다…… 저기 준비하고 지금 당신 가까이 있는 것은 무엇인가?

당신은 많은 언어를 읽을 수 있지만, 저기, 그것에 관해서는 아무것도 읽지 못한다,
당신은 대통령의 메시지를 읽을 수 있지만 저기 있는 그것에 대해서는 아무것도 읽지 못한다,
국무성이나 재무성에서 발표한 보고서에서도…… 일간 신문, 혹은 주간 신문에서도,
인구 통계표나 재산 평가자의 통계표, 가격 흐름이나 주식 거래에서는, 아무것도.

3
개방된 대기 속을 떠다니는 태양과 별들…… 사과 모양의 지구와 그 위의 우리들…… 그들이 떠다니는 모습은 장관이다.
나는 그것이 장관이라는 것과 행복이라는 것 외에는 그것이 무엇인지 알지 못한다,
여기 우리를 둘러싼 의미가 추측이나 명언, 정찰이 아니라는 것 외에는,
그것이 운 좋으면 우리에게 도움이 되고 운 나쁘면 우리에게 실패임이 확실한 그런 것은 아니라는 것 외에는,
어떤 우연에 의해 움츠러들 수도 있는 그런 것은 아니라는 것 외에는.

빛과 그림자 — 육체와 정체성의 이상한 감각 — 완벽한 상
 냥함으로 모든 것을 삼키는 탐욕스러움 — 인간의 끝없는
 자만과 확장 — 말로 표현할 수 없는 기쁨과 슬픔,
그가 만나는 모든 타인들에게서 모두가 발견하는 놀라움……
 그리고 매 순간 영원히, 표면과 공간의 구석구석을 영원히
 채우는 놀라움들,
당신은 그것들을 주로 상업이나 농장 일을 위한 것으로 간
 주했는가? 아니면 가게의 이익을 위한 것으로? 아니면 당
 신이 어떤 자리를 차지하기 위한 것으로? 아니면 어떤 신
 사나 숙녀의 한가함을 채우기 위한 것으로?

당신은 생각해 본 적 있는가? 풍경이 그림으로 그릴 수 있
 는 내용과 형식을 지녔다고?
남자들과 여자들이 글로 쓰일 수 있고 노래가 불리어질 수
 있다고?
아니면 학자들의 연구 주제로 중력과 거대한 법률과 조화로
 운 화합과 대기 흐름의 내력을?
지도와 도표를 위한 갈색의 땅과 푸른 바다를?
별자리에 그려져 그럴듯한 이름으로 불리는 별들을?
농업상의 통계들, 혹은 농업 자체를 위한 자라나는 씨앗들을?

오래된 제도들…… 이러한 예술 도서관들 전설들 수집품들
 — 그리고 제조업에서 전해지는 기술…… 우리는 그것들
 을 계속 높이 평가할 것인가?

우리는 우리의 검소함과 사업을 그렇게 높이 평가할 것인
 가? …… 나는 반대하지 않는다,
나는 그것들을 가장 높은 것으로 높이 평가할 것이다…… 그
 러나 여자와 남자에게서 태어나는 아이를 모든 평가 이상
 으로 평가할 것이다.

우리는 우리의 연방이 대단하다고, 그리고 우리의 헌법이
 대단하다고 여겼다,
그것들이 대단하지도 훌륭하지도 않다고 말하는 것이 아니
 다 — 왜냐하면 그것들은 그러하므로,
나는 지금 당신처럼 그것들을 아주 많이 아낀다,
그러나 나는 당신과, 그리고 이 지구 위의 내 모든 친구들과
 영원히 사랑에 빠져 있다.

우리는 성경과 신성한 종교에 대해 생각한다…… 그것들이
 신성하지 않다고 말하는 것이 아니다,
나는 그것들 모두가 당신에게서 자라났고 여전히 당신으로
 부터 자라날 것이라 말하고 있는 것이다,
생명을 주는 것은 그것이 아니다…… 생명을 주는 것은 바로
 당신이다,
잎사귀들이 나무에서 떨어지지 않고, 나무가 지구에서 떨어
 지지 않듯, 그것들은 당신에게서 떨어지지 않는다.

4

나는 알려진바 모든 가치와 존경을 합하여 당신에게 더한다, 당신이 누구든지,
대통령은 당신을 위해 백악관 안 그곳에 있다…… 당신은 여기 그를 위해 있는 것이 아니다,
장관들은 당신을 위해 그들 사무실에서 일한다…… 당신은 여기 그들을 위해 있는 것이 아니다,
의회는 당신을 위해 십이월에 회의를 연다,
법률, 법정, 국가의 형성, 도시의 법령들, 무역과 우편물이 오가는 것, 모두 당신을 위한 것이다.

모든 원칙, 모든 정치와 문명은 당신으로부터 일어난다,
모든 조각과 기념비, 모든 곳에 새겨진 모든 것들은 당신 안에 새겨진다,
역사의 요지와, 기록이 닿을 수 있는 한 멀리 거슬러 올라가는 통계는 지금 이 시간 당신 안에 있다 — 신화와 이야기들도 마찬가지다,
만약 당신이 이곳에서 숨 쉬지도 걸어다니지도 않는다면 그것들은 모두 어디에 있겠는가?
가장 이름난 시(詩)는 잿더미일 것이다…… 웅변들과 연극들은 진공일 것이다.

모든 건축이란 당신이 그것을 쳐다볼 때 그것에 대해 행하는 바다,

당신은 그것이 희거나 잿빛인 돌 속에 있다고, 아치나 처마 돌림띠의 선 속에 있다고 생각했는가?

모든 음악이란 당신이 악기들로 인해 깨어날 때 당신을 깨우는 그 무엇이다,
그것은 바이올린과 코넷이 아니다…… 그것은 오보에도, 둥둥 울리는 드럼도 아니며 ― 달콤한 로만차를 부르는 바리톤의 선율도 아니다…… 남성 합창단의 선율도 아니고, 여성 합창단의 선율도 아니다,
그것은 그것들보다 더 가까이, 더 멀리 있다.

5
그 모두가 그때 돌아올까?
각각이 거울 속 표정에서 최상의 표식을 볼 수 있을까? 더 훌륭하고 더 풍성한 것은 없을까?
그들 모두가 그곳에 당신과, 여기 나와 함께 앉을까?

오래고 영원히 새로운 것들…… 당신 바보스러운 아이!……
가장 가깝고 단순한 것들 ― 이 순간 당신과 함께하는,
당신의 사람과 당신의 사람과 관련된 모든 조각들,
기회와, 모든 행동이나 시각에의 참여를 기다리는 당신 뇌의 파장들,
당신이 낮 동안 공적으로 행하는 어떤 것들과, 낮과 낮의 사이에 당신이 은밀히 행하는 어떤 것들,

옳다고 여기는 것과 그르다고 여기는 것…… 당신이 보거나 만지는 것…… 당신을 화나게 하거나 놀라게 하는 것,
노예의 발목 사슬, 매음굴의 침대, 도박꾼의 카드, 대장장이의 금속판,
길거리에서 보거나 배운 것, 혹은 직관적으로 익힌 것들,
공립 학교에서 배운 것들, 철자, 읽기, 쓰기, 암송하기…… 칠판과 선생님의 도형,
창틀과 그 사이로 나타나는 모든 것…… 아침에 나갔다가 아무 목적 없이 그날을 허비하는 것,
(돈을 벌었다는 것은 무엇인가? 당신이 원하던 것을 얻었다는 것은 무엇인가?)
평범한 일상…… 워크숍, 공장, 마당, 사무실, 가게, 혹은 책상,
사냥이나 낚시와 같은 소풍, 혹은 사냥하고 낚시하는 삶,
목장의 삶, 먹이 주기, 우유 먹이기와 가축 몰기, 직원들과 사용법들,
자두 과수원과 사과 과수원…… 정원 가꾸기…… 씨 뿌리기, 나무 베기, 꽃 피우기와 덩굴 키우기,
곡식과 비료…… 회토, 진흙, 찰흙…… 하층토 쟁기질…… 삽과 곡괭이와 갈퀴와 괭이…… 물 대기와 물 빼기,
말 빗…… 말 옷…… 고삐와 굴레와 재갈…… 그 짚 다발,
외양간과 그 바닥…… 곡식 저장고와 구유…… 건초와 시렁,
수공업…… 상업…… 공업…… 도시의 건설, 그리고 그곳에서 이루어지는 모든 상업…… 그리고 모든 상업의 방법들,
모루와 집게와 망치…… 도끼와 쐐기…… 직각자와 마이터

톱[54]과 이음쇠와 다듬질 대패,

먹줄 추와 흙손과 수준기…… 벽 비계, 벽과 천장 작업…… 혹은 벽돌공의 일,

선박의 컴퍼스…… 선원의 방수 외투…… 버팀 막대와 밧줄, 그리고 닻을 내리거나 올리기 위한 정박 용구,

범선의 키 손잡이…… 선장의 핸들과 종…… 요트나 고기잡이 돛단배…… 경쾌한 우승 깃발을 매달고 자랑에 겨운 살찐 가슴을 내밀고 미묘하고 재빠르게 물을 튕기며, 노를 저어 전속력으로 달려가는 커다란 3백 피트짜리 증기선,

뱃길과 낚싯줄과 갈고리와 낚싯봉…… 예망, 그리고 예망을 끄는 것,

휴대용 병기들과 총들…… 폭약과 총알과 덮개와 탄약 마개 …… 전쟁 물자…… 운반.

모든 물건들…… 집 의자들, 카펫, 침대와 침대보, 그나 그녀의 밤 동안의 잠자기, 그리고 불어 대는 바람, 그리고 무한한 소음,

눈사태나 폭풍우…… 마 바지…… 숲 속 통나무집, 그리고 몰래 하는 사냥,

도시와 시골…… 난로와 촛불…… 가스등과 히터와 수로,

주지사나 시장, 혹은 경찰서장의 메시지…… 아침 식사나 저녁 식사나 점심 식사,

숙소, 소방차, 구조 줄 뭉치, 자동차나 그 뒤의 트럭,

---

54 mitre. 〈각도 절단기〉라고도 하며 연귀로 잇는 면을 자르는 데 쓰는 mitre saw를 말한다.

내가, 혹은 당신이 적는 종이…… 우리가 적는 모든 언어……
펜으로 쓴 가로세로의 모든 글씨체…… 우리가 생각하는……
그러나 아주 흐릿한 것을 적는 별난 방식.

인명부, 탐지기, 원장…… 열 지어 있는 책들이나 책장……
벽에 붙어 있는 시계,

당신 손가락의 반지…… 숙녀의 시곗줄…… 석수와 구리 세
공인의 망치들…… 약제사의 약병들과 단지들,

외과의 도구함, 안과 의사의 도구함이나 이비과 의사의 도
구들, 혹은 치과 의사의 도구들,

유리 불기, 밀과 옥수수 갈기…… 주조, 그리고 주조된 것……
양철 지붕 입히기, 지붕널 입히기,

선박 바닥 깔기, 건널목지기의 보도 깔기…… 항만 시설, 물
고기 치료, 나룻배 타기,

펌프, 말뚝 박는 기계, 커다란 기중기…… 석탄 가마와 벽돌
가마,

철공 작업이나 백납 작업…… 설탕 공장…… 증기 톱, 커다란
제분소와 공장들,

목화 짐…… 하역 인부의 갈고리…… 톱질하는 사람의 톱과
돈…… 석탄 가림꾼의 체…… 주조꾼의 거푸집…… 푸주한
의 작업 칼,

실린더 인쇄기…… 수동 인쇄기…… 프리스켓[55]과 팀판[56]……
식자공의 막대와 자,

---

55 frisket. 페이지의 여백으로 잉크가 튀지 않도록 여백을 가리는 덮개.
팀판에 종이를 고정시켜 주는 역할도 한다.

은판 사진법의 도구들…… 비계꾼이나 벌채꾼이나 닻 제작자나 도르래 제작자의 도구들,

구타페르카나 종이 반죽으로 만든 물건들…… 물감과 붓…… 유리장이의 도구들,

판자와 풀통…… 과자점의 장식들…… 디캔터와 유리잔들…… 큰 가위와 다리미,

송곳과 무릎 띠…… 파인트 단위와 쿼트 단위…… 카운터와 의자…… 깃대 펜이나 금속 펜,

당구와 볼링…… 체육관 사다리와 매달리기 줄, 남자들의 운동들,

벽지나 오일클로스나 카펫의 디자인…… 여성 용품에 대한 취미…… 책 제본가의 도장들,

가죽옷 제작, 마차 제작, 밧줄 꼬기, 증류하기, 간판 그리기, 석회 굽기, 통 만들기, 목화 따기,

증기선의 엔진 빔…… 조절판과 조속기들, 오르내리는 막대들,

통널 기계들과 제재 기계…… 승무원의 이륜마차, 합승마차, 묵직한 짐마차,

눈 치우는 쟁기와 그것을 밀고 가는 두 개의 엔진…… 객차가 달랑 하나 있는 고속 기차에 타기…… 울부짖는 듯한 폭풍우를 재빠르게 뚫고 가기,

곰 사냥이나 너구리 사냥……도시의 빈터에서 깎은 것들을

---

56 tympan. 활자의 높이가 달라도 인쇄가 고르게 되도록 압력을 유지해주는 프레임.

태우기…… 지켜보는 아이들의 무리,

싸우는 사람의 일격…… 어퍼컷 하나-둘-셋,

가게의 창문들…… 교회지기의 전시실에 놓인 관들…… 진열대의 과일…… 푸줏간 선반의 쇠고기,

빵집의 빵과 케이크…… 돼지고기 가게의 하얗고 붉은 고기,

여성 모자 가게의 리본들…… 양장점의 옷본들…… 티 테이블…… 집에서 만든 사탕 과자.

1센트짜리 신문에 실린 구인 광고…… 전신으로 알리는 뉴스…… 오락과 오페라와 쇼,

당신이 입고 있는 면과 울과 리넨…… 당신이 벌어서 소비하는 돈,

당신의 방과 침실…… 당신의 피아노포르테…… 난로와 조리 기구,

당신이 살고 있는 집…… 집세…… 다른 세입자들…… 은행의 예금 계좌…… 식료품 가게에서 물건 사기,

토요일 밤의 지불…… 귀가, 구입품들,

그것들 가운데 가장 무거운 중요성이…… 그것들 가운데 당신이 추측했던 것보다 훨씬 더 많은 것, 또 훨씬 더 적은 것이,

당신 자신이 아니라, 그것들 가운데…… 당신과 당신의 영혼이 평가와 관계없이 모든 것을 포함한다,

그것들 가운데의 당신의 주제와 암시와 자극들…… 물론 전 지구가 아무런 주제도 암시도 자극도 갖지 않고, 결코 가진 적도 없기는 하지만.

나는 당신이 저 너머 보는 것이 부질없는 것이라고 주장하지 않는다…… 나는 당신에게 멈추라고 충고하지 않는다,
나는 당신이 위대하다고 생각했던 지도력이 위대하지 않다고 말하지 않는다,
그러나 나는 그것들보다 더 위대하거나 더 슬프거나 더 행복한 곳으로 인도하는 사람은 아무도 없다고 말한다.

6
당신은 멀리 찾아갈 것인가? 당신은 분명 결국 돌아올 것이다,
당신에게 최선으로 알려진 것에서 최선의 것이나 최선과 다를 바 없는 것을 찾으며,
당신과 가장 가까운 사람들 속에서 가장 아름답고 가장 강하며 가장 사랑스러운 것을 찾으며,
다른 곳이 아니라 바로 이곳에서…… 다른 시간이 아니라 바로 이 시간의 행복을 또한 찾으며,
당신이 맨 처음 만나거나 만지는 사람…… 늘 당신의 친구나 형제나 가까운 이웃에서 남자를…… 당신 어머니나 연인이나 아내 속에서 여자를,
그리고 남자들과 여자들에게 양보하며 그 밖의 잘 아는 모든 이들을.

가수 대신 찬송가가 노래할 때,
목사 대신 성경이 설교할 때,

보조 책상을 만든 제작자 대신 설교단이 내려와 갈 때,

성스러운 배[舟]나 약간의 성찬, 혹은 윗가지와 회반죽이,
  마치 어린 은세공사나 제빵사, 혹은 작업복 차림의 벽돌
  공처럼 능숙하게 변명할 때,

대학 강의가 졸음에 겨운 아이와 어머니가 깨닫는 것처럼
  깨닫게 할 때,

천장의 민트 칠을 한 금이 마치 야경꾼의 딸처럼 미소 지을
  때,

보증서들이 반대쪽 의자에서 덩이져 있고 나의 친구 같은
  동반자가 될 때,

나는 내 손을 그들에게 뻗어 내가 남자들과 여자들에게 하
  듯 그들에게도 많은 것을 할 의향이 있는 것이다.

시간에 대해 생각하기

1

시간에 대해 생각하기…… 회상을 통해 생각하기,
오늘에 대해 생각하기…… 그리고 이제부터 계속되는 세월
에 대해 생각하기.

당신 자신이 계속해서 살지 않을 거라 생각해 본 적 있는
가? 저 땅 풍뎅이를 무서워한 적 있는가?
미래가 당신에게 아무것도 아닐 것이라 두려워해 본 적 있
는가?

오늘은 아무것도 아닌가? 시작 없는 과거는 아무것도 아닌가?
만약 미래가 아무것도 아니라면 그들은 정말 아무것도 아닌
것과 같다.

태양은 동쪽에서 떠올랐고…… 남자와 여자는 유연하고 실
제이며 살아 있었다고…… 그리고 모든 것들은 실제이며

살아 있었다고 생각하기.
당신과 내가 보지도 느끼지도 생각하지도, 우리의 역할을 맡지도 않았다고 생각하기,
우리가 지금 여기에 있고 우리의 역할을 맡고 있다고 생각하기.

2
하루도…… 1분도 아니 1초도 출산 없이 지나지 않는다.
하루도…… 1분도 아니 1초도 시체 없이 지나지 않는다.

흐릿한 밤들이 지날 때 그리고 흐릿한 낮들이 또한 지날 때,
침대에 그렇게 숱하게 드러눕는 비탄이 지날 때,
의사가 오래 지체한 후 대답 대신 말없이 절망적인 표정을 지을 때,
아이들이 급하게 울며 오고, 형제자매들이 불려 올 때,
약품들이 선반 위에 사용되지 않은 채 놓여 있고, 장뇌 냄새가 방 안에 가득할 때,
살아 있는 이의 성실한 손이 죽어 가는 이의 손을 버리지 않을 때,
실룩거리는 입술이 죽어 가는 이의 이마를 가볍게 내리누를 때,
숨이 멎고 심장의 박동이 멈출 때,
그럴 때 시체의 사지들은 침대 위로 쭉 뻗으며, 살아 있는 이들은 그것들을 바라본다,

살아 있는 이들이 만질 수 있는 존재인 것과 마찬가지로 그들 역시 만질 수 있는 존재들이다.

살아 있는 이들은 자신들의 눈으로 시체를 본다,
그러나 보지 못하는 다른 살아 있는 사람은 호기심에 차서 시체를 본다.

3

강물이 다가오며 흐를 것, 눈이 내리는 것, 과일이 익어 가는 것에 대해 생각하기…… 지금 우리에게처럼 다른 사람들에게 벌어지는 일에 대해…… 그러나 우리에게 벌어지지 않는다고 생각하기.
도시와 시골의 이 모든 경이로움에 대해…… 그리고 그것들에 대단한 흥미를 지고 있는 다른 사람들에 대해…… 그것들에 조그만 흥미를 갖고 있는 우리에 대해 생각하기.

우리의 집을 지을 때 우리가 얼마나 진지한지 생각하기,
다른 사람들도 마찬가지로 진지할 것이라고…… 우리는 정말 무관심할 것이라고 생각하기.

나는 한두 해…… 아니면 70년 많아야 80년 동안 유지할 집을 짓고 있는 사람을 본다,
나는 그것보다 더 오랫동안 유지할 집을 짓고 있는 사람을 본다.

천천히 움직이는 까만 선들이 전 지구 위를 기어간다…… 그것들은 결코 멈추지 않는다…… 그것들은 무덤의 선들인 것이다,
대통령이었던 그가 묻혔고, 지금 대통령인 그 또한 틀림없이 묻힐 것이다.

4
카페리 선착장에 부딪히는 차가운 파도,
철썩거리는 소리와 강물 속 얼음…… 길 위의 반쯤 얼어붙은 진흙,
머리 위의 낙담한 잿빛 하늘…… 십이월 짧은 황혼의 햇살,
영구차와 승합 마차…… 다른 탈 것들이 자리를 내준다,
어느 늙은 승합 마차꾼의 장례…… 행렬 대부분이 마차꾼들.

발걸음 빨리하여 묘지로,
조종(弔鐘) 소리 둔중히 울리고…… 문이 열리고…… 무덤 앞에서 걸음을 멈추고…… 살아 있는 사람들 내리고…… 영구차는 열리고,
관이 내려져 안장되고…… 관 위에 채찍이 놓인다,
흙이 서둘러 덮이고…… 1분…… 아무도 움직이지도 말하지도 않는다…… 끝났다,
그는 품위 있게 사라진다…… 다른 무엇이 더 있는가?

그는 훌륭한 동료였다,

제멋대로 말하고, 성미 급하고, 나쁘게 보이지는 않으며, 자기 역할을 잘 해내는,

재치 있고, 조그만 것에도 민감하고, 친구를 위해 삶이든 죽음이든 기꺼워하는,

여자들을 좋아하는, 몇몇과는 놀아났고…… 마음껏 먹고 마신,

생기 넘치는 것이 뭔지 알았고…… 말년에는 의기소침해졌으며…… 아팠고…… 기부금의 도움을 받은,

마흔하나에 죽은…… 그리고 그것이 그의 장례였다.

엄지를 펼치거나 손가락을 추켜올리고,

앞치마, 케이프, 장갑, 끈…… 비옷…… 조심스럽게 고른 채찍…… 상관, 감시인, 개시자, 마부,

누군가 당신 곁에서 빙빙 돌거나, 당신이 누군가의 곁을 빙빙 돈다…… 전진…… 앞선 사람과 뒤선 사람,

좋은 일진이나 나쁜 일진…… 기분 좋은 비축이나 기분 나쁜 비축…… 가장 먼저 나가거나 마지막에 나가는 것…… 밤이면 잠자리에 드는 것,

이런 것들은 다른 마부들에게도 마찬가지라는 것…… 그러니 저기 있는 그는 그들에게 아무런 흥미도 없다는 것을 생각하기.

5

시장, 행정부, 노동자의 임금…… 우리의 밤과 낮을 지날 때

그것들이 얼마나 되는지 생각하기.
다른 노동자들은 아주 대단한 액수를 벌지만…… 우리는 거의, 혹은 아무것도 벌지 않는다는 것을 생각하기.

비천한 사람들과 세련된 사람들…… 당신이 죄라고 칭하는 것과 당신이 선이라고 칭하는 것…… 그 차이는 얼마나 큰지 생각하기.
그 차이가 다른 것들에도 여전히 계속되겠지만, 우리는 그 차이 너머 있다는 것을 생각하기.

얼마나 많은 기쁨이 있는지 생각하기!
하늘을 보며 기뻐한 적 있는가? 시에서 기쁨을 얻은 적 있는가?
도시에서 혼자 즐거운가? 아니면 일에 몰두하며 즐거워하나? 아니면 임명이나 선거를 계획하며? 아니면 당신의 아내와 가족들과 함께하며?
아니면 당신의 어머니와 자매들과 함께하며? 아니면 여자들의 집안일 속에서? 아니면 아름다운 어머니의 보살핌 속에서?

이런 것들 또한 다른 이들을 향해 흘러간다…… 당신과 나는 앞을 향해 흐른다,
그러나 때가 되어 당신과 나는 그들에게 흥미를 덜 가질 것이다.

당신의 농장과 이익과 수확…… 당신이 얼마나 독점하고 있는지 생각하기.

여전히 농장과 이익과 수확이 있음을 생각하기…… 그런데 당신에게 무엇이 소용 있는가?

6

앞으로 일어날 것은 잘될 것이다 — 왜냐하면 현재의 것이 잘 있으므로,

흥미를 갖는 것은 좋은 일이다, 또한 흥미를 갖지 않는 것도 좋을 것이다.

하늘은 계속 푸를 것이며…… 남자가 여자와 즐기는 것은 결코 물리지 않을 것이며…… 여자가 남자와 즐기는 것도…… 시에서 즐거움을 느끼는 것도 그러할 것이다,

집 안에서의 기쁨, 매일매일의 집안일이나 사업, 집을 짓는 일 — 그것들은 망상이 아니다…… 그것들은 무게와 형태와 위치를 갖는다.

농장과 이익과 수확…… 시장과 임금과 정부…… 그것들 또한 망상이 아니다,

죄와 선의 차이는 환영이 아니다,

지구는 메아리가 아니다…… 사람과 그의 삶과 그의 삶의 모든 것들은 신중히 숙고된다.

당신은 바람에게 내던져지지 않는다…… 당신은 분명히, 그

리고 안전하게 당신 자신에게 모여든다,
당신 자신! 당신 자신! 영원히 영원히 당신 자신!

7

당신이 당신의 어머니와 아버지로부터 태어났다는 것은 당신을 분산시키지 않는다 — 그것은 당신에게 정체성을 부여한다,
당신은 미결정의 존재여야 하는 것이 아니라 당신은 오히려 결정의 존재여야 한다.
오래 준비한 형태 없는 무언가가 다다라 당신 안에 형태를 잡은 것이다,
그래서 당신은 안전한 것이다, 무엇이 오가건 간에.

자아서 모은 실들…… 날실을 가로지르는 씨실…… 무늬는 체계적이다.

그 준비들로 인해 모든 사람이 정당화되었다.
오케스트라는 악기를 충분히 조율했고…… 지휘자는 신호를 주었다.

오고 있던 손님…… 그는 오랫동안 분별 있게 기다렸다…… 그가 지금 집 안으로 들어섰다,
그는 아름답고 행복한 사람들 중 하나다…… 그는 존경하고 함께 있는 것으로 충분한 사람들 중 하나다.

과거의 법률은 피할 수 없다,

현재와 미래의 법률은 피할 수 없다,

살아 있는 사람의 법률은 피할 수 없다…… 그것은 영원하다,

승진과 변형의 법률은 피할 수 없다,

영웅과 선행자(善行者)들의 법률은 피할 수 없다,

술주정뱅이들과 밀고자들과 천한 사람들의 법률은 피할 수 없다.

8

느리게 움직이는 검은 행렬이 끝없이 지구 위를 간다,

북부 사람들이 짐을 지고 가고, 남부 사람들이 짐을 지고 간다…… 그리고 대서양 쪽에 있는 사람들과 태평양 쪽에 있는 사람들과, 그 사이에 있는 사람들과, 미시시피 지역을 지나는 모든 사람들과…… 지구 위의 모든 사람들이.

위대한 스승들과 우주는 갈 때에 기분이 좋다…… 영웅들과 선행자들 또한 기분이 좋다,

유명한 지도자들과 발명가들, 부유한 주인들과 성스럽고 뛰어난 사람들도 기분 좋을 것이다,

그러나 그보다 더 많은 의미가 있다…… 모두의 엄격한 의미가 있다.

끝도 없이 무식한 사람들과 사악한 사람들은 무(無)가 아니다,

아프리카와 아시아의 야만인들은 무(無)가 아니다,

유럽의 보통 사람들은 무(無)가 아니다…… 아메리카 원주
 민들은 무(無)가 아니다,

혼혈이나 이마 없는 크로풋[57]이나 코만치[58]는 무(無)가 아
 니다,

이민자 병원에서 감염된 사람들은 무(無)가 아니다…… 살
 인자나 저열한 사람은 무(無)가 아니다,

경박한 사람들의 끝없는 행렬은 그들이 지날 때 무(無)가
 아니다,

창녀는 무(無)가 아니다…… 종교를 조롱하는 사람은 그가
 그러할 때 무(無)가 아니다.

나는 나머지 사람들과 함께 갈 것이다…… 우리는 만족한다,

나는 우리가 너무 많이 변하지 않기를 바라 왔다…… 우리의
 법률이 변하지 않기를,

영웅들과 선을 행하는 사람들이 현재와 과거의 법률 아래
 있기를,

그리고 살인자들과 술주정뱅이들과 거짓말쟁이들이 현재와
 과거의 법률 아래 있기를,

왜냐하면 나는 그들이 지금 처해 있는 법률이 충분하기를
 바라 왔으므로.

---

57 Crowfoot. 캐나다 앨버타 주 남부에서 미국 몬태나 주 북부에 이르는 넓은 지역에 사는 원주민들을 통칭하는 말. Blackfoot이라고도 한다.
58 Comanche. 아메리칸 인디언의 한 부족.

그리고 나는 그 만족이 그리 많이 변하지 않기를…… 만족
  없는 삶이 없기를 바라 왔다.
지구는 무엇인가? 만족 없는 육체와 몸은 무엇인가?

나는 나머지 사람들과 함께 갈 것이다,
우리는 주어진 시점에 멈출 수 없다…… 그것은 만족이 아니
  다,
우리에게 좋은 것을, 약간의 시간 동안 얼마간 좋은 것을 보
  여 주는 것 — 그것은 만족이 아니다,
우리는 최상의 것들 중에서 없앨 수 없는 부류의 것들을 가
  져야 한다 — 시간과 관계없이.

그렇지 않으면 이 모든 것들은 오물의 재에 불과하게 된다.
구더기들과 쥐들이 우리를 끝장낸다면, 그러면 의심과 배신
  과 죽음이다.

당신은 죽음을 의심하는가? 내가 죽음을 의심한다면 나는
  지금 죽어야 한다,
당신은 내가 소멸을 향해 잘 맞추어 걸어갈 수 있다 생각하
  는가?

나는 즐겁게 잘 맞추어 걷는다,
내가 어디를 향해 걷고 있는지 분명히 정의 내릴 수 없지만,
  나는 그것이 좋다는 것을 안다,

전 우주가 그것이 좋다는 것을 보여 준다,
과거와 현재가 그것이 좋다는 것을 보여 준다.

동물들은 얼마나 아름답고 완벽한가! 나의 영혼은 얼마나 완벽한가!
대지와 그 위의 가장 하찮은 것들조차 얼마나 완벽한가!
선하다고 일컬음받는 것은 완벽하고, 죄라고 일컬음받는 것도 또한 완벽하다,
채소들과 광물질들 모두가 완벽하다…… 알 수 없는 액체들은 완벽하다.
그들은 느리고 확실하게 이곳으로 왔고, 느리고 확실하게 또한 지나갈 것이다.

아, 나의 영혼! 내가 너를 알아차린다면 나는 만족한다,
동물들과 채소들! 내가 너희를 알아차린다면 나는 만족한다,
지구와 공기의 법률들! 내가 너희를 알아차린다면 나는 만족한다.

나는 내 만족을 정의할 수 없다…… 그러나 그것은 그렇게 있다,
나는 내 삶을 정의할 수 없다…… 그러나 그것은 그렇게 있다.

9
나는 모든 것이 영원한 영혼을 지니고 있음을 지금 알고 있

다고 맹세한다!
나무도 갖고 있고, 땅속 뿌리…… 바다의 잡초도 갖고 있다
…… 동물도.

나는 불멸 이외에 아무것도 없다고 생각한다고 맹세한다!
정교한 체계가 그것에 있고, 몽롱한 흐름이 그것에 있으며,
 응집하는 것이 또한 그것에 있다,
그리하여 모든 준비가 그것을 위해 존재하고…… 정체성이
 그것을 위해…… 삶과 죽음이 그것을 위해 존재한다.

잠자는 사람들

1

나는 밤새도록 환상 속을 헤맨다,
가벼운 발걸음을 내디디며…… 재빠르게 소리 없이 내딛고 내디디며,
눈을 뜨고 잠자는 사람들의 닫힌 눈 쪽으로 몸을 숙이며,
방황하며, 혼란에 빠져…… 정신을 잃고…… 어울리지 않게…… 모순되어,
멈추고, 바라보고, 굽히고, 멈춰 선다.

그들은 그곳에서 얼마나 엄숙해 보이는지, 몸을 쭉 뻗고 조용하다.
요람 속의 어린아이들, 그들이 얼마나 조용히 숨을 쉬는지.

따분해하는 사람들의 불행한 표정들, 시체들의 하얀 모습들, 술주정뱅이들의 검푸른 얼굴들, 자위하는 사람들의 병든 잿빛 얼굴들,

전쟁터에서 깊게 상처 난 육체들, 단단한 문 안의 정신병자
 들, 성스러운 바보들,
입구에서 나오는 새로 태어난 사람들과 입구에서 나오는 죽
 어 가는 사람들,
밤은 그들을 압도하고 그들을 포옹한다.

결혼한 부부가 침대에서 평온히 잠잔다, 신랑은 신부의 엉
 덩이에 손을 올리고, 아내는 남편의 엉덩이에 자신의 손
 을 올리고,
자매가 침대에서 나란히 사랑스럽게 잠잔다,
남자들이 침대에서 나란히 사랑스럽게 잠잔다,
그리고 어머니가 어린아이를 조심스럽게 껴안고 잠잔다.

눈먼 사람이 잠자고, 귀머거리와 벙어리가 잠잔다,
죄수가 감옥에서 편히 잠자고…… 도망친 아들이 잠잔다,
다음 날 교수형에 처해질 살인자는…… 그는 어떻게 잠잘까?
살해된 사람…… 그는 어떻게 잠잘까?

짝사랑하는 여자가 잠잔다,
짝사랑하는 남자가 잠잔다,
하루 종일 음모를 꾸몄던 돈 버는 사람의 머리가 잠잔다,
성내고 배신하는 기질들이 잠잔다.

나는 눈을 내리깔고 가장 고통받는 사람들과 불안한 사람들

곁에 서 있다,

나는 그들에게서 조금 떨어져 위로하듯 이리저리 손을 건넨다,

불안한 사람들이 침대 속에 파묻혀 있다…… 그들은 발작에 겨워 잠잔다.

지구는 내게서 멀어지며 밤 속으로 물러난다,

나는 그것을 보며 아름답다 생각했다…… 그리고 지구가 아닌 것을 보며 아름답다 생각한다.

나는 침대에서 침대로 간다…… 나는 잠자는 다른 사람들 곁에서 잔다, 각각 차례대로,

나는 꿈속에서 꿈꾸는 다른 사람들의 꿈 모두를 꾼다,

그래서 나는 꿈꾸는 다른 사람이 된다.

나는 춤이다…… 거기서 놀아라! 흥분이 나를 빠르게 돌린다.

나는 늘 웃는 사람이다…… 새 달과 별빛의 시간이다,

나는 뇌물을 감추는 것을 본다…… 내가 보는 곳 어디서나 나는 재빠른 유령들을 본다,

땅속과 바닷속 깊이 감추고 감추어, 땅도 바다도 아닌 것이 된다.

저 신성한 숙련공들, 그들은 자신들의 일을 잘한다,

오직 내게만 그들은 아무것도 감추지 않는다, 할 수 있다 해도 그러지 않을 것이다,

나는 내가 그들의 상관이라 여긴다. 그리고 그들은 나를 곁에 두는 애완동물로 삼는다,

그리고 나를 에워싼다, 나를 이끌어 가며 내가 걸어갈 때 나보다 앞서 달려간다,

그들의 정교한 덮개들을 들어 올리고, 팔을 뻗어 나를 드러내고, 다시 길을 떠난다.

우리는 앞으로 나아간다, 유쾌하게 큰 소리로 노래하는, 거칠게 펄럭이는 기쁨의 깃발을 든 즐거운 건달들의 집단.

나는 남자 배우며 여자 배우다…… 투표권자며…… 정치가다,
이민자며 망명객…… 법정에 선 범법자,
유명한 사람, 오늘 이후 유명해질 사람,
말더듬이…… 몸매 좋은 사람…… 쇠약해진 혹은 무기력한 사람이다.

나는 자신을 치장하고 기대하는 마음으로 머리를 다듬는 여자다,
내 빈들거리는 연인이 왔다, 어두워진 때에.

너 자신을 배가하여, 어둠이여, 나를 받아라,
나와 내 연인 또한 받아라…… 그는 자신과 함께가 아니고서는 나를 가게 하지 않을 것이다.

나는 침대 위에서처럼 당신 위에서 나 자신을 굴린다…… 어
  둠에 나를 맡긴다.

내가 부르는 그가 내게 답하고 내 연인의 자리를 차지한다,
그는 나와 함께 침대에서 말없이 일어난다.

어둠 너는 내 연인보다 부드럽다…… 그의 몸은 축축했고 헐
  떡였다,
나는 그가 내게 남긴 뜨거운 습기를 느낀다.

내 손이 앞으로 펴진다…… 나는 그것을 사방으로 내민다,
나는 당신이 여행하는 어두운 해안으로 소리를 띄운다.

어둠이여, 조심해라…… 벌써부터, 무엇이 나를 만졌는가?
나는 내 연인이 가버렸다고 생각했다…… 그렇지 않다면 어
  둠과 그가 하나인 것,
나는 가슴 뛰는 소리를 듣는다…… 나는 따라간다…… 나는
  사라진다.

오 뺨이 달아오르고 붉어진다! 오 바보스러운 야단법석!
오 제발, 아무도 지금 나를 보지 않기를! …… 내 옷은 침대
  에 있을 때 도둑맞았다,
지금 나는 밀쳐졌다, 나는 어디로 뛰어가야 하는가?

어젯밤 창문을 내다보았을 때 흐릿하게 보았던 부두여,
주도로에서 떨어진 부두여, 나 자신을 당신과 함께 붙잡아
 머물게 해다오…… 내 당신을 화나게 하지 않을 터이니,
나는 벌거벗은 몸으로 세상을 활보하는 것이 부끄럽다,
그리고 나는 알고 싶다, 내 발이 어느 곳 위에 있는지…… 나
 를 휩쓸고 가는 것이 무엇인지, 나의 어린 시절이나 내가
 어른이 된 때…… 그리고 그 다리 사이를 가로지르는 허
 기에 대하여.

옷감이 먼저 먹고 마시는 달콤함을 휘감는다,
샘솟는 생명의 노른자위를 덮고…… 우유 같으며 잘 익은 로
 즈콘의 낟알을 덮는다.
하얀 이가 머문다, 송곳니가 어둠 속에서 나아간다,
그리고 잔을 건드리자 입술과 가슴 위로 술이 쏟아진다, 그
 리고 그 후에는 가장 좋은 술이.

2
나는 내 서쪽 길로 내려선다…… 내 근육들은 늘어지고,
향기와 젊음이 나를 지나간다, 그리고 나는 그것들의 자취
 가 된다.

그것은 늙은 여자의 것이라기보다 노랗고 주름진 내 얼굴
 이다,
나는 짚으로 만든 의자에 나지막이 앉아 조심스레 내 손자

의 양말을 깁는다.

겨울 한밤에 창밖을 내다보는 잠 없는 미망인…… 그녀도 나다,
나는 얼어붙은 창백한 대지 위의 별빛 광휘를 본다.

나는 수의를 본다 — 그리고 나는 수의다…… 나는 몸을 감싸고 관 속에 눕는다,
땅 밑의 이곳은 어둡다…… 이곳에는 악도 고통도 없다……
이곳은 갖가지 이유들로 텅 비어 있다.

빛과 대기 속의 모든 것이 내게는 늘 확실히 행복해 보인다,
관 속 어두운 무덤 속에 있지 않은 사람은 누구든 자신이 충분히 갖고 있음을 알게 하라.

3
나는 바다의 물결을 헤치고 알몸으로 헤엄치는 아름답고 거대한 수영객을 본다,
그의 갈색 머리칼은 그의 머리에 달라붙어 가지런하다……
그는 용기 있게 팔을 뻗친다…… 그는 자신의 다리로 스스로를 재촉한다.

나는 그의 하얀 몸을 본다…… 나는 그의 거침없는 눈을 본다,
나는 그를 바위 위로 거꾸로 내동댕이치는 쏜살같이 흐르는

물결을 미워한다.

너 무례하게 붉게 흩뿌려진 파도여, 무얼 하는 것이냐?
너 저 용기 있는 거인을 죽이려느냐? 너 중년의 절정에 있
 는 그를 죽이려느냐?

계속해서 오랫동안 그는 애쓴다,
허우적거리고, 부딪치고, 상처 입는다…… 그의 힘이 버티는
 동안 그는 버틴다,
철썩이는 파도에 그의 피가 점점이 박힌다…… 그것들은 그
 를 멀리 품고 간다…… 그것들은 그를 둘둘 말아 빙빙 돌
 리고 또 돌린다,
그의 아름다운 몸이 소용돌이치는 파도 속에서 일어난다……
 바위에 끊임없이 상처 입는다,
곧 용감한 시체가 시야에서 사라진다.

4
나는 몸을 돌리지만 나 자신을 구할 수 없다,
혼란에 빠져…… 지나쳐 걸으며…… 다시 한 번 더, 그러나
 아직 어둠과 함께다.

해변은 면도날 같은 얼음 바람에 잘리고 있다…… 낡은 총들
 이 소리를 내고,
폭풍우는 자장가를 부르고, 달은 비바람 사이로 버둥거리며

나아간다.

나는 배가 무기력하게 끝을 향해 나아가는 것을 바라본다…… 나는 배가 부딪칠 때 폭발하는 소리를 듣는다…… 나는 절망의 비명을 듣는다…… 그들은 점점 희미해진다.

내 꽉 잡은 손가락으로는 도울 수 없다,
그저 파도를 향해 달려가 파도가 나를 적시고 내 위에 얼어붙게 하는 수밖에.

나는 군중들과 함께 찾아 나선다…… 한 사람도 우리에게 살아서 밀려오지 않는다.
아침이 되어 나는 죽은 사람들을 끌어내는 것을 돕는다, 창고에 그들을 열 지어 눕힌다.

5
오랜 전쟁 중의 이때…… 브루클린에서의 패배,
워싱턴[59]은 전선 안에 있다…… 그는 참호로 파인 언덕 위 수많은 군인들 사이에 서 있다,
그의 얼굴은 차갑고 축축하다…… 그는 뚝뚝 떨어지는 눈물을 억제할 수 없다…… 그는 계속해서 잔을 눈앞으로 들어 올린다…… 그의 뺨에서 색조가 퇴색한다,

---

59 George Washington(1732~1799). 미국의 독립 전쟁 당시에 미국 식민지 부대의 사령관이었다. 1789년에 미국의 초대 대통령이 되었다.

그는 그들 부모에게서 위임받은 남부 용사들의 대학살을
 본다.

마침내, 마침내 평화가 선언되었을 때에도 똑같이,
그는 낡은 선술집의 방에 서 있다…… 사랑하는 병사들이 모
 두 지나쳐 간다.

병사들은 말없이 느릿느릿 차례로 가까이 온다,
대장은 그들 목에 팔을 두르고 그들 뺨에 입을 맞춘다,
그는 한 명 한 명 차례로 그 축축한 뺨에 입을 맞춘다…… 그
 는 악수를 하고 부대에 작별을 고한다.

6
지금 나는 어머니와 내가 저녁 식탁에 함께 앉아 있을 때 어
 머니가 내게 하신 이야기를 말하려 한다,
이야기 속의 어머니는 오래전 고향에서 할머니 할아버지와
 함께 살던 거의 다 자란 소녀였다.

붉은 인디언 여자가 아침 식사 시간에 오래전의 고향 집으
 로 왔다,
그녀는 의자를 만들 때 쓸 골풀을 한 아름 등에 지고 있었다,
머리카락은 윤기 있고 거칠고 검었고, 얼굴을 반이나 가릴
 정도로 숱이 많았다,
발걸음은 자유롭고 유연했으며…… 목소리는 말할 때마다

무척 아름다운 소리를 냈다.

어머니는 기쁨과 놀라움으로 그 낯선 이를 바라보았다,
커다란 얼굴과 탱탱하고 나긋나긋한 팔다리의 아름다움을 바라보았다,
그녀를 보면 볼수록 어머니는 그녀를 사랑하게 되었다,
그렇게 놀라울 정도로 아름답고 순수한 사람은 이전에는 본 적이 없었다,
그녀는 난로 옆 기둥 가까이 있는 의자에 앉았다…… 어머니는 그녀를 위해 음식을 장만했다,
어머니는 그녀에게 줄 일거리가 없었지만 그녀에게 자신의 추억과 사랑을 주었다.

붉은 인디언 여자는 오후 내내 머물렀고, 오후의 중간 즈음 가버렸다,
아 내 어머니는 그녀가 가버리는 것이 싫었다,
한 주일 내내 어머니는 그녀를 생각했다…… 여러 달 동안 그녀를 기다렸다,
여러 번의 겨울과 여름 동안 그녀를 기억했다,
그러나 붉은 인디언 여자는 끝내 오지 않았고 소식도 다시 들리지 않았다.

지금 루시퍼는 죽지 않았다…… 그가 죽었다면 나는 슬픔에 겨운 그의 끔찍한 후계자다,

나는 잘못을 저질러 왔다…… 나는 억압받았다…… 나는 나를 억압한 사람을 미워한다,
내가 그를 파멸시키든지, 아니면 그가 나를 해방시켜야 할 것이다.

그에게 저주를! 그가 나를 어떻게 더럽히는지,
그가 어떻게 내 형제들과 자매들을 밀고하고 그들의 피 값을 치르는지,
내가 내 여자를 태운 증기선을 따라 구부러진 길 아래를 내려다볼 때 그가 어떻게 웃는지.

지금 거대한 어스름이 고래만 한 짐을 나른다…… 그것은 내 것으로 보인다,
선수여, 조심해라, 내가 졸음에 겨워 둔하게 누워 있지만 내가 두드리는 것은 죽음이다.

7
부드러운 여름의 기미…… 눈에 보이지 않는 어떤 것의 접촉 …… 빛과 공기의 정사(情事).
나는 우정을 질투하고 그것에 압도되어,
빛과 공기와 더불어 혼자 여행을 떠난다,
눈에 보이지 않는 어떤 것이 또한 그들과 소통하게 한다.

오 사랑, 그리고 여름! 너는 꿈속에, 내 안에 있다,

가을과 겨울은 꿈속에 있다…… 농부는 근면함으로 살아간다, 가축과 작물이 증가하고…… 창고는 가득 찬다.

요소들은 밤에 합한다…… 배들은 꿈속에서 갈지자로 나아가고…… 선원은 항해하며…… 망명객은 집으로 돌아온다, 도망자가 아무 해도 입지 않고 돌아오고…… 이민한 사람이 여러 달과 해가 지나 돌아온다,
가난한 아일랜드 사람은 어린 시절의 소박한 집에서 지낸다, 널리 친근한 이웃들, 얼굴들과 함께,
그들은 그를 따뜻하게 환영한다…… 그는 다시 맨발이다…… 그는 유복하다는 것을 잊는다.
네덜란드 사람이 배를 타고 집에 오고, 스코틀랜드 사람과 웨일스 사람이 배를 타고 집에 온다…… 지중해의 원주민이 배를 타고 집에 온다,
영국과 프랑스와 스페인의 모든 항구에 꽉 찬 배들이 들어온다,
스위스 사람이 자신의 언덕을 향해 발을 내딛는다…… 프러시아 사람이 자신의 길을 가고, 헝가리 사람이 자신의 길을, 폴란드 사람이 자신의 길을 간다,
스웨덴 사람이 돌아오고, 덴마크 사람과 노르웨이 사람이 돌아온다.

집을 향해 밖을 향해,
수영에 열중하고 있는 아름다운 수영객, 권태에 겨운 여자,

자위하는 사람, 짝사랑하는 여자, 돈 버는 사람,
남자 배우와 여자 배우…… 자신의 역할을 마친 사람들과 이
제 시작하려 기다리는 사람들,
사랑에 넘치는 소년, 남편과 아내, 투표자, 선택된 입후보자
와 실패한 입후보자,
이미 널리 알려진 위대한 사람, 오늘 이후 어느 때든 위대할
사람,
말더듬이, 병자, 몸매가 완벽한 사람, 가정적인 사람,
재판정에 서 있던 범죄자, 앉아서 그를 재판하는 판사, 유창
한 변호사들, 배심원들, 청중,
웃는 사람과 우는 사람, 춤추는 사람과 한밤의 미망인, 붉은
인디언 여자,
낭비하는 사람, 단독(丹毒)에 걸린 사람, 천치, 잘못된 사람,
정반대의 사람, 어둠 속 이런저런 사람 속에 있는 모든 사람,
나는 지금 그들이 평균적이라고 맹세한다…… 어느 한 사람
이 다른 사람보다 더 나은 것이 아니라고,
밤과 잠은 그들을 같아지게 하고 회복시킨다고.

나는 그들 모두가 아름답다고 맹세한다,
잠자는 모든 이들이 아름답다고…… 희미한 밤 속에서 모든
것이 아름답다고,
가장 거칠고 가장 피투성이의 것이라 해도 지나간다고, 모
두가 평화롭다고.

평화는 늘 아름답다,
천국의 신화는 평화와 밤을 가리킨다.

천국의 평화는 영혼을 가리킨다.
영혼은 늘 아름답다…… 그것은 더 많이 보이기도 하고 덜 보이기도 한다…… 그것은 다가오기도 하고 뒤처져 머뭇거리기도 한다,
그것은 나무로 둘러싸인 정원에서 왔고 그 자체로 상쾌하게 보이며 세상을 둘러싼다,
이전에 뿜어져 나온 완벽하고 깨끗한 음경, 응집하는 완벽하고 깨끗한 자궁,
잘 자라고 비례가 맞고 완전한 머리, 비례가 맞고 완전한 내장과 관절.

영혼은 언제나 아름답다,
우주는 적절히 질서를 유지한다…… 모든 것이 제자리에 있다.
도착한 것은 제자리에 있고, 기다리는 것도 제자리에 있다.
꼬인 두개골이 기다린다…… 물기 있거나 부패한 피가 기다린다,
대식가나 성병 걸린 사람의 아이가 오래 기다리고, 술주정뱅이의 아이가 오래 기다리며, 술주정뱅이 자신이 오래 기다린다,
살다 죽은 잠자는 사람들이 기다린다…… 멀리 간 사람들이

그들 차례가 되어 계속 가고, 멀리 뒤에 있는 사람들이 그들 차례가 되어 계속 간다,

다양한 것들은 덜 다양해지지 않을 것이나, 그들은 흘러 결합할 것이다…… 그들은 지금 결합한다.

8

잠자는 사람들은 옷을 벗고 누워 있을 때 참으로 아름답다,

그들은 손에 손을 잡고 전 지구 너머로 동에서 서로 흘러간다, 옷을 벗고 누워 있을 때,

아시아 사람과 아프리카 사람들이 손에 손을 잡고…… 유럽 사람들과 아메리카 사람들이 손에 손을 잡는다,

배운 사람과 못 배운 사람들이 손에 손을 잡고…… 남자와 여자가 손에 손을 잡는다,

소녀의 드러난 팔이 애인의 드러난 가슴을 안는다…… 그들은 욕정 없이 힘껏 안는다…… 그의 입술이 그녀의 목에 닿는다,

아버지가 다 자란, 혹은 아직 채 자라지 않은 아들을 무한한 사랑으로 품에 안으며…… 아들이 아버지를 무한한 사랑으로 품에 안는다,

어머니의 하얀 머리칼이 딸의 하얀 손목 위에서 반짝인다,

소년의 숨결이 어른의 숨결과 섞이고…… 친구가 친구에게 팔짱을 끼인다,

학자는 교사에게 입맞추고 교사는 학자에게 입맞춘다…… 잘못한 사람이 바로잡히고,

노예의 부름이 주인의 부름과 하나 된다…… 그리고 주인은 노예에게 인사한다,

중죄인이 감옥에서 나오고…… 정신 이상자가 정상이 되며 …… 환자의 고통이 사라진다,

땀과 열이 그치고…… 소리 내지 않던 목이 소리를 내며…… 폐병 환자의 폐가 회복되고…… 형편없이 골치 아픈 머리가 자유로워진다,

류머티즘에 걸린 관절이 이전처럼 부드럽게 움직이고, 이전보다 더 부드러워진다,

막힌 것들과 길들이 열리고…… 마비된 것들이 나긋나긋해진다,

부풀어 오른 것들 튀어나온 것들 뭉친 것들이 제 상태로 깨어난다,

그들은 밤의 기운, 밤의 화학 작용을 지나 깨어나는 것이다.

나 또한 밤을 지난다,
나는 잠시 머무른다 오, 밤이여, 그러나 나는 다시 너에게로 돌아가 너를 사랑한다.

왜 내가 나 자신을 너에게 믿고 맡기기를 두려워해야 하는가?
나는 두렵지 않다…… 나는 너로 인해 잘 이끌려 왔다.
나는 풍요롭게 달리는 낮을 사랑한다, 그러나 내가 그 안에서 그렇게나 오래 누워 있던 그녀를 나는 버리지 못한다,
나는 내가 너에게 어떻게 왔는지 알지 못한다. 그리고 나는

내가 너와 함께 어디로 가는지 알지 못한다…… 그러나 나는 내가 잘 왔으며 잘 갈 것임을 안다.

나는 밤과 함께하는 시간에만 멈출 것이다…… 그리하여 늦기 전에 일어날 것이다.

나는 제시간에 하루를 지날 것이다, 오 나의 어머니여, 그리고 제시간에 당신에게 돌아갈 것이다.
당신이 새벽을 다시 가져오는 것보다 더 확실하게 나를 다시 태어나게 할 것이며,
때가 되면 자궁에서 아이가 태어나는 것보다 더 확실하게 나의 때가 되면 당신으로부터 태어날 것이다.

나는 전기 띤 몸을 노래한다

1

남자들과 여자들의 몸이 나를 에워싸고, 내가 그들을 에워싸다,

그들은 나를 벗어나게 하지 않을 것이고 나도 그렇지 않을 것이며, 결국 나는 그들과 함께하며 그들에게 반응하고 그들을 사랑할 것이다.

자기 자신의 살아 있는 몸을 망가뜨린 자들이 자신을 감출 수 있을지 없을지 꿈꾸어졌는가?
살아 있는 사람을 망가뜨린 사람들이 죽은 사람들을 망가뜨린 사람들만큼이나 나쁜 것인지가?

2

남자와 여자의 신체적 표현은 평가를 유보시킨다,
남자의 표현은 완벽하다, 그리고 여자의 그것도 완벽하다.

균형 잡힌 남자의 표현은 그의 얼굴에만 나타나는 것이 아
 니다,

그것은 그의 팔다리와 관절에서…… 신기하게도 그의 엉덩
 이와 팔목 관절에서도 나타난다,

그의 걸음걸이…… 그의 목…… 그의 허리와 무릎의 유연함
 에서도…… 옷은 그를 가리지 못한다,

그가 지닌 강하고 아름다우며 유연한 특성은 면과 무명 옷
 감을 통해 빛난다,

그가 지나는 것을 보는 일은 가장 좋은 시만큼…… 아마도
 그보다 더 많은 의미를 전달할 것이다,

당신은 그의 등과 목덜미와 어깨를 보려고 주위에서 머뭇거
 린다.

기어가는 아기들의 포동포동한 모습…… 여자들의 가슴과
 머리…… 그들의 옷 주름들…… 우리가 길을 지날 때 보는
 그들의 모양새…… 그들의 몸 아래 곡선,

수영장의 알몸의 수영객…… 투명하고 푸른 햇살에 반짝이
 는 바닷물을 헤엄칠 때 보이는, 혹은 등을 대고 누워 물결
 과 함께 조용히 뒤척일 때 보이는,

집을 짓고 있는 팔뚝을 다 드러낸 조립공들…… 자기 자리에
 서 목재를 들어 올리거나…… 나무 망치와 접합 끌을 사
 용하고 있는,

노 저어 가는 배 안에서 사공들이 앞뒤로 몸을 굽히는 모
 습…… 안장 위에 앉아 있는 기수.

소녀들과 어머니들과 자신들의 아름다운 사무실에 있는 주부들,

점심시간에 도시락을 열고 앉아 있는 노동자들의 무리와 기다리는 그들의 아내들,

아이를 달래는 여자…… 정원이나 외양간에 있는 농부의 딸,

숲 속에서 빠르게 도끼를 휘두르는 나무꾼…… 옥수수를 베는 젊은 친구…… 사람들 틈으로 여섯 마리의 말을 몰고 달리는 썰매꾼,

씨름 선수들의 씨름…… 두 명의 견습생, 다 자란, 생기 넘치는, 선한 성격의, 토박이인, 일이 끝난 후 해 질 녘의 일 없는 시간에 나온,

외투, 조끼, 내려 쓴 모자…… 사랑의 포옹과 거부,

위 선창 짐꾼과 아래 선창 짐꾼 — 헝클어져 눈을 가린 머리카락,

제복을 입은 소방관들의 행진 — 깔끔한 바지와 허리띠를 지나며 노니는 남성적 근육,

불길로부터 천천히 되돌아오는 것…… 갑자기 종이 다시 울릴 때의 멈춤 — 경고에 귀 기울이는 것,

자연스러운 완벽함과 다양한 태도들…… 숙인 머리, 구부정한 목, 헤아리기,

그런 것들을 나는 사랑한다…… 나는 긴장을 풀고 자유롭게 지나간다…… 그리고 어린아이를 안은 어머니의 가슴 앞에 멈춰 선다,

그리고 수영객들과 수영하고, 씨름하는 사람들과 씨름하며,

소방관들과 열을 지어 행진한다, 멈추고 귀 기울이고 헤아린다.

3

나는 어떤 남자를 알게 되었다…… 그는 평범한 농부였다…… 그는 다섯 아들들의 아버지였다…… 그리고 그 아들들 중에는 아들들의 아버지들이 있었고…… 또 그 아들들 중에는 아들들의 아버지들이 있었다.

이 남자는 사람의 놀라운 생기와 평온함과 아름다움을 지니고 있었다,
그의 머리 형태, 그의 태도에 밴 여유로움과 숨결, 그의 머리카락과 수염의 옅은 노랑과 흰색, 그의 검은 눈에 담긴 헤아릴 수 없는 의미,
나는 이런 것들에 익숙해져서 그를 만나러 가곤 했다…… 그는 또 현명했다,
키가 6피트였고…… 여든 살이 넘었으며…… 그의 아들들은 뚱뚱하고 깔끔하고 수염을 기르고 있었고 그을린 얼굴이었으며 멋졌다,
그들과 그의 딸들은 그를 사랑했다…… 그를 본 사람은 모두가 그를 사랑했다…… 그들은 그를 용돈으로 사랑하지 않았고…… 개인적인 사랑으로 그를 사랑했다.
그는 오직 물만 마셨다…… 피는 흡사 선홍색으로 얼굴의 깨끗한 갈색 피부를 통해 비쳤다,

그는 자주 사냥과 낚시를 했다…… 그는 혼자 배를 몰았고……
선박 제작자로부터 선물받은 좋은 배를 갖고 있었다……
그는 새 사냥 도구들을 갖고 있었는데, 그를 사랑하는 사
람들로부터 선물받은 것이었다.

그가 그의 다섯 아들과 여러 손자들과 함께 사냥이나 낚시
를 나오면 당신은 무리들 중에서 가장 아름답고 가장 활
기 있는 사람으로 그를 골라낼 것이다,

당신은 오래오래 그와 함께 있고 싶어 할 것이다…… 당신은
그의 곁에 나란히 앉고 싶어 할 것이다, 서로에게 닿을 수
있도록.

4

나는 알고 있다, 내가 좋아하는 사람들과 함께 있는 것으로
충분하다는 것을,

저녁에 나머지 사람들과 함께 머무는 것으로 충분하며,

아름답고 호기심에 찬 숨 쉬고 웃는 사람들에게 둘러싸이는
것으로 충분하다는 것을,

그들 사이를 지나는 것…… 어느 한 사람을 만지는 것…… 그
나 그녀의 목에 나의 팔을 잠시 가볍게 두르는 것…… 그
렇다면 이것은 무엇인가?

나는 더 이상의 기쁨은 요구하지 않는다…… 나는 그속에서
마치 바닷속에서인 양 헤엄친다.

남자들과 여자들 가까이에 있으면서 그들을 바라보고 그들

과 접촉하며 그들의 냄새를 맡는 것에는 영혼을 참으로 즐겁게 하는 무언가가 있다,

모든 것이 영혼을 즐겁게 한다, 그러나 이러한 것들은 참으로 영혼을 즐겁게 한다.

5

이것은 여성적 형태,

성스러운 기품이 머리에서 발끝까지 그것으로부터 뿜어 나온다,

그것은 강력하고 부인할 수 없는 매력으로 매혹시킨다,

나는 마치 내가 더 이상 무기력한 증기가 아닌 것처럼 그 숨결에 이끌린다…… 나 자신과 그것 외에는 다른 모든 것들이 떨어져 나간 듯이,

책, 예술, 종교, 시간…… 눈에 보이는 단단한 대지…… 대기와 테를 두른 구름들…… 천국에서 기대되었던 것도 지옥에서 두려워했던 것들도 모두 지금 사라진다,

미친 필라멘트, 통제할 수 없는 발사가 그것에서 놀아난다 …… 마찬가지로 통제할 수 없는 반응도,

머리카락, 가슴, 엉덩이, 다리의 곡선, 아무렇게나 떨어뜨린 손 — 모두 산만하고…… 내 것들 또한 산만하다,

밀물에 이어진 썰물, 썰물에 이어진 밀물…… 달아오르는 달콤하게 아픈 사랑의 몸,

뜨겁고 거대한 사랑의 한없이 맑은 분출…… 떨리는 사랑의 젤리…… 하얗게 피어나는 무아지경의 액체,

엎드린 새벽까지 확실하고 부드럽게 일하는 사랑의 밤신랑,
자발적이고 순종적인 낮 속으로 물결친다,
꼭 움켜잡는 달콤한 몸의 낮 그 틈새에서 정신을 잃는다.

이것은 핵이다…… 아이가 여자에게서 태어난 후 남자는 여자에게서 태어난다,
이것은 탄생의 욕조다…… 이것은 작고 큰 것의 결합이며 다시 배출구가 된다.

여자들이여 부끄러워하지 마라…… 당신들의 특권은 나머지를 감싸 안는다…… 그것은 나머지 사람들의 출구이다,
당신들은 육체의 문이며, 당신들은 영혼의 문이다.

여자는 모든 특성을 지니고 그것들을 조절한다…… 그녀는 자기 자리에 머물며…… 그녀는 완벽한 균형으로 움직인다,
그녀는 적절히 가려진 모든 것이다…… 그녀는 수동적이기도 하고 능동적이기도 하다…… 그녀는 아들들뿐 아니라 딸들을, 딸들뿐 아니라 아들들을 낳는다.

내 영혼이 자연에 비친 것을 볼 때, 표현할 수 없는 완벽함과 아름다움을 지닌 영혼을 안개를 통해 볼 때…… 구부린 머리와 가슴 위에 낀 팔들을 볼 때…… 내가 보는 여자,
나는 커다란 불멸의 과일을 가진 사람을 본다, 그것의 좋은 것들은 난봉꾼이 맛본 적 없고, 결코 그리 될 수 없다.

6

남자는 모자란 영혼도 아니고 넘치는 영혼도 아니다…… 그 역시 자기 자리에 있다,

그도 모든 특성을 지닌다…… 그는 행동이고 힘이다…… 알려진 우주의 생기가 그 안에 있다,

조롱이 그에게 잘 어울리며 식성과 도전이 그에게 잘 어울린다,

가장 격렬하고 가장 큰 용기…… 최상의 축복과 최상의 슬픔이 잘 어울린다…… 자부심은 그를 위한 것이다,

남자의 활짝 펼친 자부심은 영혼을 진정시키며 영혼에 더할 나위 없이 좋다.

지식은 그가 된다…… 그는 그것을 늘 좋아한다…… 그는 모든 것을 자신에 대한 시험으로 받아들인다,

어떤 조사든…… 어떤 바다와 항해든, 그는 결국 이곳에서만 소리를 낸다,

이곳 말고 다른 어느 곳에서 그가 소리를 내겠는가?

남성의 몸이 성스러우며 또한 여성의 몸이 성스럽다…… 그것이 누구든 관계없다,

노예인가? 부두에 갓 내린 멍한 얼굴의 이민자들 중 한 사람인가?

각자가 유복한 사람들과 똑같이 이곳이나 다른 곳에 속하며…… 당신과 똑같이,

각자가 그 진행 과정에서 자기 자리를 잡는다.

모든 것이 진행이다,
우주는 정해진 아름다운 움직임으로 진행한다.

당신은 노예나 멍청한 얼굴을 한 무식한 사람을 부르고 있음을 잘 알고 있는가?
당신은 당신이 좋은 풍경에 대한 권리를 지니고 있다고……
  그나 그녀는 그런 풍경에 대한 권리가 없다고 여기는가?
당신은 물질이 그 산만한 흐름에서 뭉쳐졌다고, 흙은 표면에 있으며 물은 당신을 위해 흐르고 식물이 당신을 위해 싹 틔운다 생각하는가…… 그와 그녀를 위해서가 아니라?

7
경매에 나온 노예!
나는 경매자를 돕는다…… 그 꾀죄죄한 사람은 제 일에 대해 반도 모른다.

신사들은 이 이상한 창조물을 바라본다,
입찰자의 입찰금이 얼마가 되었든 그것은 그에 맞을 만큼 충분히 높지 않다,
그에게 지구는 한 마리의 동물이나 한 그루의 식물도 없이 수억만 년을 준비하는 상태로 놓여 있다,
그에게 회전 주기는 진정 끊임없이 굴렀다.

저 머릿속 온통 좌절하는 뇌,
그 속과 그 아래의 영웅적 특성의 제조.

붉고 검거나 하얀 이 팔다리들을 자세히 보라…… 그것들은 힘줄과 신경이 매우 정교하다,
그것들은 당신이 볼 수 있게 전부 드러날 것이다.

아름다운 감각들, 생명으로 반짝이는 눈들, 용기, 의지,
가슴 근육의 조각들, 유연한 등뼈와 목, 연약하지 않은 살집, 알맞은 크기의 팔과 다리,
그리고 여전히 그 안에 있는 경이로운 것들.

그 안에서 그의 피가 흐른다…… 똑같이 오래된 피가…… 똑같이 붉게 흐르는 피가.
그곳에서 부풀어 오르고 용출한다 그의 가슴이…… 모든 열정과 욕망이…… 모든 발돋움과 갈망이,
당신은 그것들이 연회장과 강의실에서 표현되지 않으므로 존재하지 않는다고 생각하는가?

이것은 그저 한 남자만이 아니다…… 그는 자기 차례가 되었을 때 아버지가 될 사람들의 아버지다,
그 안에 인구 많은 국가들과 부유한 공화국의 시초가 있고,
수많은 구현과 즐거움을 지닌 수많은 불멸의 생명 그 시초가 있다.

여러 세기를 지나 그의 자손의 자손으로부터 누가 나올는지 어찌 알겠는가?
당신이 여러 세기를 거슬러 올라갈 수 있다면 누구에게서 당신이 나올는지 알 수 있겠는가?

8
경매에 나온 한 여자,
그녀 역시 그녀 자신만이 아니다…… 그녀는 어머니들의 다산의 어머니다,
그녀는 자라서 짝이 되어 어머니가 될 사람들의 모체다.

그녀의 딸들이나 그 딸들의 딸들…… 어떤 이가 그들과 짝이 될지 누가 알겠는가?
여러 세기를 지나면서 그들로부터 어떤 영웅이 나올는지 누가 알겠는가?

그들 속에 있는 그들의 것인 천부적 사랑…… 그들 속의 성스러운 신비로움…… 똑같이 오래된 아름다운 신비로움.

이전에 여자를 사랑해 본 적 있는가?
당신 어머니…… 그녀는 살아 있는가? 어머니와 많이 있어 봤는가? 어머니가 당신과 많이 지내 봤는가?
당신은 이러한 것들이 모든 국가와 시대에 지구의 모든 곳에서 모두에게 정확히 똑같다는 것을 알고 있지 않은가?

만약 인생과 영혼이 신성하다면 인간의 육체 역시 신성하다,
남자의 영광과 아름다움은 더럽혀지지 않은 인류의 상징이다,
그리고 남자나 여자 안의 깨끗하고 강하며 단단한 섬유질의
 육체는 최고로 아름다운 얼굴처럼 아름답다.

그 자신의 살아 있는 육체를 썩게 한 바보, 혹은 그녀 자신
 의 살아 있는 육체를 썩게 한 바보를 본 적 있는가?
왜냐하면 그들은 자기 자신을 숨기지 않으며 숨길 수 없기
 때문이다.

살아 있는 인간의 육체를 타락시키거나 더럽히는 사람은 저
 주를 받는다,
죽은 사람의 육체를 타락시키거나 더럽히는 사람은 저주를
 받는다.

얼굴들

1
보도를 걷거나 시골길을 달리는 이곳에 얼굴들이 있다,
우정, 정확성, 신중함, 온화함, 상상력의 얼굴들,
영혼의 선견지명이 있는 얼굴, 항상 인기 있고 평범하고 친절한 얼굴,
음악을 노래하는 얼굴, 천부적인 변호사와 윗등이 넓은 판사의 당당한 얼굴들,
사냥꾼들과 어부들의 얼굴들, 이마가 툭 불거진…… 정교파 시민들의 면도한 하얀 얼굴들,
순수하고 엉뚱하며 갈망하는 호기심 많은 예술가의 얼굴,
어느 아름다운 영혼의 반가운 못난 얼굴…… 꺼려지거나 경멸받는 잘생긴 얼굴,
아기들의 성스러운 얼굴…… 많은 아이들을 둔 어머니의 빛나는 얼굴,
애인의 얼굴…… 존경의 얼굴,
꿈속 얼굴 같은 얼굴…… 움직이지 않는 바위의 얼굴,

그 좋음과 나쁨이 사라진 얼굴…… 거세된 얼굴,
야생의 매, 털 깎는 사람에게 털 깎이는 매의 날개,
거세하는 사람의 채찍과 칼에 끝내 굴복하는 수말.

보도를 거닐거나 끝없는 배를 타고 건너며 여기 얼굴들이
    있다.
나는 그들을 보며 불평하지 않고 그들 모두에게 만족한다.

2
만약 내가 그들이 그들 자신의 종국이라 생각한다면 당신은
    내가 그들 모두에게 만족할 것이라 여기는가?

이는 사람으로서는 너무 한탄스러운 얼굴이다,
떠나라고 요구하는 몇몇 비참한 기생충…… 그로 인해 굽실
    거리며,
꿈틀하여 구멍으로 가기를 기도하는 흰 구더기 같은 어떤
    사람들.

이 얼굴은 쓰레기를 뒤지느라 코를 킁킁대는 개의 얼굴이다.
그 입안에는 뱀의 둥지…… 나는 쉭쉭거리는 위협을 듣는다.

이 얼굴은 극해보다 더 차가운 연무이고,
졸음에 겨워 하며 흔들리는 그 빙산들은 나아갈 때 우두둑
    부서진다.

이것은 쓴 약초의 얼굴이고…… 이것은 구토제…… 그들에겐 아무 꼬리표도 필요 없다,
그리고 약장…… 아편, 생고무, 혹은 돼지비계의 얼굴.

이 얼굴은 사업하면서 선전하는 간질 환자…… 그 말없는 혀가 섬뜩하게 고함을 지른다,
목 아래 혈관은 부풀고…… 눈들은 흰자위만 보이며 돌아간다,
이빨은 딱딱 부닥치고…… 손바닥들은 손톱이 안으로 파고 들어 갈라진다,
그 사람은 고이 사색하다가도 땅바닥에 쓰러져 버둥거리고 거품을 문다.

이 얼굴은 기생충들과 벌레들에게 시달린다,
그리고 이 얼굴은 반쯤 열린 칼집에 든 살인자의 칼이다.

이 얼굴은 가장 비참한 요금을 교회지기에게 빚진다,
끝없는 조종 소리가 그곳에 울린다.

저들이 정말 사람들이다! …… 거대하고 둥근 지구의 두목들과 뭉치들!

3
나와 동등한 얼굴들이여, 당신들은 당신들의 지쳐 버린 죽

음의 행진으로 나를 속이려 하는가?
그렇다면 당신들은 나를 속일 수 없다.

나는 당신들의 되풀이되고 결코 사라지지 않는 흐름을 본다,
나는 당신들의 초췌하고 보잘것없는 가면의 테두리 밑을 본다.

당신 하고 싶은 대로 다리를 벌리고 몸을 꼬아 보아라……
물고기나 박쥐의 얽힌 앞머리를 찔러 보아라,
그러면 당신은 아마 재갈이 풀릴 것이다…… 당신은 분명 그러할 것이다.

나는 수용소에 있는 사람들 중 가장 더러운 침 흘리는 사람의 얼굴을 보았다,
그리고 다행히도 그들이 알지 못하는 것을 알게 되었다,
내 형제를 빈털터리로 만들고 파산시킨 대리인들을 알게 되었다,
쇠락한 셋집에서 나온 쓰레기를 치우려 똑같이 기다린다,
그리고 나는 두세 해 안에 다시 볼 것이다,
그러면 나는 완벽하고 상처 입지 않은, 한 올도 어김없이 나만큼 선한 진짜 집주인을 만날 것이다.

4
주님이 나아간다, 계속 나아간다,

앞에는 늘 그림자…… 늘 앞으로 펼친 손이 낙오자들을 끌어
 올린다.

이 얼굴에서 깃발들과 말들이 나온다…… 오, 최상의 존재
 여! …… 나는 오고 있는 것을 본다,
나는 고귀한 개척자의 모자들을 본다…… 나는 길을 치우며
 달려가는 사람들의 지팡이들을 본다,
나는 승리의 북소리를 듣는다.

이 얼굴은 생명의 보트다,
이것은 명령하는 수염 난 얼굴이다…… 그 얼굴은 나머지 사
 람들의 불평등을 요구하지 않는다,
이 얼굴은 먹힐 준비가 된 사랑받는 과일이다,
건강하고 정직한 소년의 얼굴은 훌륭한 모든 것들을 갖춘
 계획표다.

이러한 얼굴들은 잠들어 있든 깨어 있든 증거를 지닌다,
그들은 하느님 자신으로부터 이어지는 혈통을 드러낸다.

내가 꺼낸 말들 중 나는 한마디도 제외하지 않는다…… 붉은
 색이나 흰색이나 검은색, 모두가 신성하다,
각각의 집 안에 알이 있고…… 그것은 천년 후에 나온다.

창문의 흠집이나 틈새가 나를 어지럽히지 않는다,

큰 키로 흡족하게 뒤에 서서 내게 신호를 준다,
나는 그 약속을 읽고 참을성 있게 기다린다.

이것은 잘 자란 백합의 얼굴이다,
그녀가 정원 말뚝 가까이에 있는 유연한 엉덩이의 남자에게
  말한다,
이리로 오세요, 그녀는 얼굴을 붉히며 소리친다…… 유연한
  엉덩이의 남자여, 내게 가까이 와서 당신의 손가락과 엄
  지를 주세요,
내가 당신에게 할 수 있는 한 높이 기댈 때까지 내 옆에 서
  세요,
그리고 하얀 빛깔의 꿀로 나를 가득 채우고…… 내게 몸을
  굽히세요,
당신의 까칠한 수염으로 나를 비비고…… 내 가슴과 어깨를
  비비세요, 하고.

5
아이들을 많이 둔 어머니의 늙은 얼굴.
쉿! 나는 정말 만족스럽다.

일요일 아침의 연기는 잠잠하고 느릿하다,
그것은 울타리 옆에 줄지어 있는 나무들 위로 낮게 떠 있다,
그것은 사사프라스 나무들, 야생 체리, 그 아래의 청미래덩
  굴 옆으로 가늘게 떠 있다.

나는 파티에서 잘 차려입은 부유한 숙녀들을 보았다,
나는 시인들이 공연 중에 그렇게나 오랫동안 말하는 것을 들었다,
하얀 거품과 물빛 푸른 것들로부터 누가 새빨간의 젊음으로 나왔는지도.

여자를 보라!
그녀는 퀘이커교도의 모자를 쓰고 바라본다…… 그녀의 얼굴은 하늘보다 더 청명하고 아름답다.

그녀는 농가의 그늘진 현관 아래 안락의자에 앉아 있다,
태양이 그녀의 나이 든 흰머리 위로 반짝인다.

그녀의 넉넉한 가운은 크림색의 리넨,
그녀의 손자들이 아마를 들어올리고, 손녀들은 물렛가락과 바퀴로 그것을 실로 자았다.

아름다운 운율의 지구의 품성!
철학이 가지 못하고 가려고도 하지 않는 저 너머의 종착!
사람들의 보증된 어머니!

응답자의 노래

한 젊은이가 자기 형제의 소식을 듣고 내게 왔다,
그 젊은이는 자기 형제의 여부와 때를 어떻게 알았을까?
내게 그 표식을 보내라고 그에게 말하라.

나는 젊은이와 얼굴을 마주하고 서서, 내 왼손으로 그의 오
  른손을 잡고 내 오른손으로 그의 왼손을 잡았다,
그리고 나는 그의 형제와 사람들에게 응답했다…… 그리고
  시인에게 응답했고, 이 표식들을 보냈다.

그를 모두가 기다리며…… 그에게 모두 굴복하며…… 그의
  말은 결정적이며 궁극적이다,
그를 그들이 받아들여…… 그의 안에 담그고…… 그의 안에
  서 마치 빛 속에서인 듯 자신들을 알아채고,
그를 그들이 스며들게 하고, 그가 그들을 스며들게 하라.

아름다운 여자들, 가장 오만한 국가들, 법률들, 풍경, 사람들

과 동물들,
깊은 대지와 그 부속물들, 그리고 고요한 대양,
모든 오락과 재산, 그리고 돈, 돈으로 사는 모든 것들,
최상의 농장들⋯⋯ 노동하고 심는 다른 사람들, 그리고 할 수 없이 수확하는 그,
가장 고귀하고 값비싼 도시들⋯⋯ 경사를 완만하게 하여 건물을 짓는 다른 사람들, 그리고 그곳에 사는 그,
다른 누가 아니라 바로 그를 위한 것들⋯⋯ 가까이 그리고 멀리 그를 위해 있는 것들,
앞바다의 선박들⋯⋯ 영원한 구경거리와 육지의 행진들이 다른 누군가를 위한 것이라면 바로 그를 위한 것이다.

그는 사물들이 그 자세를 취하게 하고,
그는 유연함과 사랑으로 자신의 오늘을 맞는다,
그는 그 자신의 도시, 시간, 회상, 부모, 형제자매들, 회사 고용과 정치를 자리 잡게 하여, 나머지의 것들이 이후의 그들을 부끄럽게 하지도, 그들에게 명령을 취하지도 않게 한다.

그는 응답자다,
응답될 수 있는 것을 그가 응답하고, 응답될 수 없는 것은 어찌하여 응답될 수 없는지 보여 준다.

어떤 사람은 명령이며 도전이다,

피하는 것은 소용없다…… 저 조롱과 웃음소리 들리는가? 조
롱하는 메아리들 들리는가?

책들 우정들 철학자들 성직자들 행동 기쁨 자부심이 만족케
하려 애쓰며 계속 위아래로 찾아 헤맨다.
그는 만족을 가리키며, 또한 위아래로 찾아 헤매는 그들을
가리킨다.

성(性)이 어느 쪽이든…… 계절이나 장소가 어떠하든 그는
새롭고 신사답고 안전하게 낮이나 밤이나 간다,
그에게는 가슴의 만능 열쇠가 있다…… 손잡이 위에서 탐색
하는 손들의 반응이.

그에 대한 환영은 보편적이다…… 아름다움의 흐름은 그만
큼 환영받지도 않고 보편적이지도 않다,
그가 낮에 좋아하거나 밤에 같이 자는 사람은 축복받은 사
람이다.

모든 존재는 고유의 관용구를 지닌다…… 모든 것이 관용구
와 말을 지닌다.
그는 모든 언어들을 자신의 언어 속으로 용해시키고, 사람
들에게 사용한다…… 어떤 사람은 번역하며…… 어떤 사
람은 또한 그 자신을 번역하기도 한다.
한 부분이 다른 부분을 거스르지 않는다…… 그는 연결자이

다…… 그는 그들이 어떻게 연결하는지 안다.

그는 한결같이 무심하게, 친구 어떻게 지내? 하고 접견 중인
   대통령에게 말한다,
그는 형제여 좋은 날일세, 하고 사탕 밭에서 괭이질하는 얼
   간이에게 말한다,
둘 다 그를 이해하고 그의 말이 적절하다는 것을 안다.

그는 수도에서 아주 편안히 걷는다,
그는 의회에서 걷는다…… 어느 의원이 다른 의원에게, 우리
   와 똑같이 보이는 신참이 있네, 하고 말한다.

그리고 기계공들은 그를 기계공으로 오해한다,
군인들은 그를 대장으로 여기고…… 선원들은 그가 바다를
   따라왔다고 여기며,
작가들은 그를 작가로 오해하고…… 예술가들은 예술가로,
노동자들은 그가 그들과 함께 노동하고 사랑할 수 있을 것
   이라 생각한다,
그 일이 어떤 일이든, 그가 그 일을 따를 사람이라고 혹은
   그 일을 따라온 사람이라고 여긴다.
국가가 어디든, 그가 그의 형제자매들을 그곳에서 찾을 것
   이라고 여긴다.

영국 사람들은 그가 영국 혈통을 지녔다고 믿는다,

그는 유대인에게는 유대인으로 보인다…… 러시아 사람에게
 는 러시아 사람으로, 심상하고 가깝게…… 누구와도 다르
 지 않은 사람으로 보인다.

여행객의 찻집에서 그가 바라보는 사람은 누구든지 그를 찾
 는다,
이탈리아 사람이나 프랑스 사람도 확신하고, 독일 사람도,
 스페인 사람도…… 쿠바 섬의 사람도 확신한다.

기술자, 큰 호수나 미시시피 강이나 세인트로렌스 강이나
 새크라멘토 강이나 허드슨 강이나 델라웨어 강 위의 갑판
 원이 그를 찾는다.

완벽한 혈통의 신사가 그의 완벽한 혈통을 인정하고,
거드름 피우는 사람, 창녀, 화난 사람, 거지가 그의 태도에서
 자신들을 본다…… 그는 이상하게도 그들을 바꾼다,
그들은 더 이상 악하지 않다…… 그들 스스로는 알지 못하
 나, 그들은 그렇게 성장한다.

당신은 선율이 아름다운 시를 쓰는 시인이 되면 좋을 것이
 라 여긴다,
그래 선율이 아름다운 시를 쓰는 시인이 되는 것은 좋은 일
 일 것이다.
그러나 무슨 시가 있단 말인가, 당신이 지녀야 하는 흐르는

듯한 성격 너머…… 아름다운 태도와 행동 너머에? 도제공의 남자답거나 사랑스러운 행동 너머에, 늙은 여자 너머에…… 감옥에 있었던, 혹은 감옥에 갈 수 있는 사람 너머에?

유럽:
이 주들의 72번째와 73번째 해

갑자기 그 후텁지근하고 나른한 은신처, 노예들의 은신처에서,
번개처럼 유럽이 뛰쳐나왔다⋯⋯ 스스로 반쯤 놀라,
그 발은 재와 넝마 위에 올리고⋯⋯ 손으로는 왕들의 목을 꽉 잡고.

아, 희망과 신념이여! 아, 인생의 아픈 종말이여! 아, 너무나 아픈 가슴이여!
이 날로 되돌아오라, 그리고 당신들 자신을 새롭게 하라.

그리고 당신, 국민을 모독한 대가를 짊어진⋯⋯ 당신 거짓말쟁이 특징을 지닌다.[60]
수많은 고통과 살인, 욕정,
왕실을 위해 수많은 비겁한 형태로 도적질하고,

---

60 you liars mark. 『풀잎』의 1856년판부터는 you liars, mark!라고 되어 있다. 이 경우에는 〈당신 거짓말쟁이, 주목하라!〉라고 번역될 수 있다.

가난한 사람의 임금을 그의 순박함으로부터 좀먹은 것으로
  서가 아니라,
왕족의 입술로 수많은 약속을 맺고, 파기하고, 그렇게 파기
  하는 것을 조롱하고는,
그러고는 이들 모두를 위한 것이 아닌 권력으로 개인적 복
  수의 일격을 날린 것으로부터 …… 그렇지 않으면 귀족의
  머리가 떨어질 터이니.
국민은 왕들의 잔혹함을 비웃었다.

그러나 자비의 아름다움이 쓰라린 파괴를 일으켰고, 겁에
  질린 지배자들이 돌아온다,
각각 자기의 무리와…… 교수형 집행자, 성직자와 세금 징수
  원…… 군인, 법률가, 간수와 아부꾼 등과 함께 정권에 복
  귀한다.

그런데 아, 모두의 뒤에, 어떤 형상이,
밤처럼 흐릿하게, 끝없이 드리워진, 시뻘건 주름들로 둘러
  싸인 머리의 앞과 모양,
그 얼굴과 눈을 볼 수 있는 이 아무도 없고,
그 옷자락에서 오직 이것…… 팔에 걸친, 붉은 외투,
꼭대기 넘어 높이 가리키는 손가락 하나, 흡사 뱀 대가리가
  나타나는 것 같다.

그러는 동안 시체들은 새로 만들어진 무덤 속에 누이고……

피 흘리는 젊은이들의 시체들.
교수대의 밧줄은 무겁게 걸리고…… 왕자들의 총알들은 날아가며…… 권력의 창조물들은 큰 소리로 웃는다,
그리고 이 모든 것들은 과실을 맺는다…… 그리고 그것들은 훌륭하다.

저 젊은이들의 시체들,
교수대에 매달리는 순교자들…… 회색 납으로 찔리는 저 심장들,
그들은 차갑고 움직이지 않는 듯 보이나…… 학살되지 않은 생명력으로 어딘가에 살아 있다.

그들은 다른 젊은이들 속에 살아 있다, 오 왕들이여,
그들은 형제들 속에 살아 있다, 다시 당신에게 도전할 준비를 한다.
그들은 죽음으로 순화되었고…… 그들은 가르침을 받아 고양되었다.

자유 때문에 살해된 자들의 무덤이 아니라 자유를 향해 씨앗을 키우는 무덤…… 그 차례가 되어 씨앗을 품는다,
이후 바람이 씨앗들을 멀리 날려 다시 뿌리고, 비와 눈이 영양을 공급한다.

육체에서 이탈한 영혼은 독재자의 무기를 흩어 놓지 못한다,

그러나 그것은 대지 위에서 눈에 띄지 않게 몰래 다가간다
…… 속삭이고 조언하고 주의를 주면서.

자유는 다른 사람들로 하여금 당신을 실망케 한다…… 나는
결코 당신을 실망시키지 않는다.

집이 닫혀 있는가? 주인이 외출 중인가?
그럼에도 준비하라…… 지켜보는 것을 지겨워 마라.
그는 곧 돌아올 것이다…… 그의 메시지가 곧 온다.

보스턴 발라드

조너선, 자 길을 치우게!
대통령의 최고 사령관을 위한 길이니! 행정부의 대포를 위한 길이니!
연방 정부의 보병과 기마병들…… 그리고 이후의 유령들을 위한 길이니.

나는 오늘 아침 보스턴에 때맞춰 도착하기 위해 일찍 일어났다.
구석에 좋은 장소가 있다…… 나는 일어나 그 쇼를 봐야만 한다.

나는 성조기를 보는 것을 좋아한다…… 나는 피리들이 양키 두들[61]을 연주하기를 바란다.

---

61 Yankee Doodle. 미국 독립 전쟁 당시 크게 유행한 노래.

단검을 찬 맨 앞줄은 어찌나 반짝이는지,
모두가 자기 권총을 차고 있다…… 보스턴을 관통하여 행진한다.

안개가 따라온다…… 똑같은 고물들이 절름거리며 온다,
몇몇은 목발을 짚고 몇몇은 붕대를 감고 핏기 없는 얼굴로 나타난다.

이런! 이것은 쇼다! 그것은 죽은 자들을 대지로부터 불러냈다,
언덕의 오랜 묘지는 서둘러 보러 왔다.
헤아릴 수 없는 유령들이 그 옆과 뒤에 모인다,
위로 젖혀진 좀먹은 모자들과 안개로 이루어진 목발들,
끈에 매단 팔들과 젊은이들의 어깨에 기댄 노인들.

양키 유령들이여, 무엇이 당신을 괴롭히는가? 다 드러난 잇몸으로 지껄이는 이 모두는 무엇인가?
오한이 당신의 사지를 뒤틀리게 하는가? 당신은 당신의 목발을 화승총으로 착각하여, 그것들을 겨누는가?

눈물로 앞을 보지 못하게 된다면 당신은 대통령의 최고 사령관을 보지 못할 것이다,
당신이 그런 혀 차는 소리로 불평한다면 행정부의 대포를 멈추게 할는지도 모른다.

늙은 미치광이에게 수치를! …… 저 치켜든 팔을 끌어 내리
기를 당신의 하얀 머리카락이 그대로 있기를.
여기 당신의 똑똑한 손자들을 입 벌리고 바라보라…… 그들
의 아내들이 창문에서 바라본다,
얼마나 잘 차려입었는지 보라…… 그들이 얼마나 질서 정연
하게 움직이는지 보라.

점점 더 나빠지는데…… 당신 참을 수 없는가? 당신 물러서
는가?
살아 있는 사람들과 함께하는 이 시간 이 또한 당신에게는
죽음인가?

그러면 물러서라! 허겁지겁! …… 언덕으로 돌아가라, 늙은
절름발이여!
나는 당신이 여기 속한다고 더는 생각지 않는다.

그러나 여기 속한 것이 하나 있다…… 그게 무엇인지 말해
줄까, 보스턴 신사 양반?

나는 시장에게 그것을 속삭이겠다…… 그는 위원회를 영국
으로 보낼 것이다,
그들은 의회로부터 후원금을 받아 왕궁으로 마차를 타고 가
겠지.
조지 왕의 관을 파내라…… 그를 수의에서 서둘러 풀어내

라…… 그의 뼈다귀들을 상자에 담아 여정에 오르라,
재빠른 양키 쾌속선을 찾으라…… 너 검은 배에 실을 짐이 여기 있다,
닻을 올려라! 네 항해를 시작하라! …… 보스턴 항으로 곧장 키를 잡으라.

자 다시 대통령의 사령관을 부르라, 그리고 행정부의 대포를 끌고 오고,
의회에서 고함꾼들을 데려오라, 다시 행진하고 보병들과 기병들로 그것을 보호하라.

그들을 위한 장식물이 있다.
보라! 질서 정연한 모든 시민들을…… 창문에서 여자들을 보라.

위원회가 상자를 열고 왕의 갈비뼈들을 맞추고 붙지 않는 그것들을 풀로 붙인다,
그리고 갈비뼈들 위에 해골을 올려놓고, 해골 위에 왕관을 올려놓는다.

당신은 당신의 복수를 했소 늙은이! …… 왕관은 그 자신의 것, 그 자신의 것 이상이 되었구먼.

조너선, 자네 손을 호주머니에 그대로 두게나…… 당신은 오

늘부터 남자가 되었네,
당신은 힘센 놈이 되었네…… 자 이게 당신의 거래 중 하나
일세.

나가는 아이가 있었다

날마다 나가는 아이가 있었다,
그가 바라보고 놀라움이나 연민이나 사랑이나 두려움으로 받아들이는 첫 번째 사물, 그 사물이 그가 되었다,
그 사물은 그의 일부가 되었다, 그날 혹은 그날의 어느 일부의 시간…… 아니면 여러 해 혹은 펼쳐진 여러 해가 순환하는 동안에.

이른 라일락이 이 아이의 일부가 되었다,
그리고 풀, 하얗고 빨간 나팔꽃들, 하얗고 빨간 클로버와 피비 새가,
그리고 이월에 태어난 양들, 옅은 분홍색 돼지의 한배 새끼들, 당나귀의 오물, 마당이나 연못가 진창 옆의 종종거리는 병아리들…… 그 아래에서 정말 이상하게도 느리게 떠도는 물고기들…… 아름답고 이상한 물…… 우아하고 평평한 머리를 하고 있는 수초들…… 모든 것이 아이의 일부가 되었다.

사월과 오월 들판의 새싹들이 그의 일부가 되었다…… 겨울 곡식의 싹들, 연노란 옥수수의 싹과 정원 식용 뿌리의 싹,

그리고 꽃으로 뒤덮인 사과나무, 그 후의 과일들…… 야생 딸기…… 길가의 흔하디흔한 잡초들,

그리고 늦게 일어난, 선술집 바깥채에서 집으로 비틀거리며 가는 늙은 술주정뱅이,

학교에서 집으로 가는 여선생…… 지나가는 친절한 소년들…… 싸우려 드는 소년들…… 깨끗하고 신선한 뺨의 소녀들…… 맨발의 흑인 소년 소녀,

그리고 어디든 그의 발길이 닿는 그 도시와 시골의 모든 변화들.

그의 부모…… 밤에 아버지의 일을 재촉하여, 그래서 그를 낳은 그와…… 자궁에 그를 잉태하여 그를 낳은 그녀…… 그들은 그 이상으로 이 아이에게 자신들의 더 많은 것을 주었다,

그들은 그 후 매일매일 그에게 주었다…… 그들과 그날들의 일부가 그의 일부가 되었다.

집에서 조용하게 저녁 식탁에 음식을 놓는 어머니,

온화하게 말하고…… 모자와 외투를 세탁하고…… 걸을 때마다 그 몸과 옷에서 건강한 향기를 흩뿌리는 어머니,

강하고, 자족적이고, 남자답고, 상스럽고, 화를 잘 내고, 불공평한 아버지,

일격, 급한 큰 소리, 이익이 박한 거래, 능수능란한 유혹,

가족의 관습, 언어, 회사, 가구…… 갈망과 부풀어 오르는 가슴,

부정되지 않는 애정…… 현실적인 것에 대한 감각…… 결국 그것이 비현실적이라고 판명될지에 대한 고려,

낮 시간의 의심과 밤 시간의 의심…… 그 여부와 방법에 대한 호기심,

그렇게 보이는 것은 그러한지…… 아니면 그것은 허식과 오점인지?

거리에서 빠르게 모여드는 남자들과 여자들…… 그들이 허식과 오점이 아니라면 그들은 무엇인지?

거리 자체, 그리고 집들의 외관…… 창문 안의 물건들,

자동차들…… 팀들…… 층층의 부두들, 그리고 선착장의 거대한 나루터들,

해 질 무렵 멀리 보이는 고원의 마을…… 그 사이의 강,

그림자들…… 오로라와 안개…… 3마일 밖의 흰색 혹은 갈색 지붕과 박공 위로 떨어지는 햇살,

가까이 물결을 따라 졸린 듯 떨어지는 범선…… 뒤쪽으로 서서히 끌려가는 작은 배,

서둘러 굴러떨어지는 파도와 재빠르게 부서지는 이랑과 철썩임,

색색의 구름층…… 홀로 떠가는 적갈색의 기다란 막대 구름…… 순수함이 번지는 가운데 움직이지 않고 누워 있는 것,

지평선의 가장자리, 날아가는 붉은부리갈매기, 해수 소택지와 해안 진흙지의 향기.

이런 것들이 매일 나가는 아이의 일부가 되었고, 그는 지금 나가고, 앞으로도 날마다 나갈 것이다,

그래서 이런 것들이 지금 그들을 살피는 그나 그녀의 일부가 되는 것이다.

나의 가르침을 완벽하게 배우는 사람

누가 나의 가르침을 완벽하게 배우는가?
두목과 수련공과 도제인가? …… 성직자와 무신론자인가?
멍청한 사람과 현명한 사색가…… 부모와 자손…… 상인과 점원과 문지기와 손님…… 편집자, 작가, 예술가와 학생인가?

가까이 와서 시작하라,
그것은 교훈이 아니다…… 그것은 훌륭한 교훈으로 장애물들을 내려놓는다,
그리고 장애물을 또 다른 교훈으로…… 모든 장애물들을 계속해서.

위대한 법률들이 나서서 논쟁 않고 토로한다,
나는 그와 똑같은 방식을 지닌 사람이다, 왜냐하면 나는 그들의 친구이므로,
나는 그들을 너나없이 사랑한다…… 나는 멈추지 않고 경의

를 표한다.

나는 멍하니 누워 사물들의 아름다운 이야기와 그것들의 양
식에 귀 기울인다,
그것들은 너무나 아름다워서 나는 들으라고 나 자신을 설득
한다.

나는 내가 듣는 것을 다른 이에게 말할 수 없다…… 그것을
나 자신에게도 말할 수 없다…… 그것은 정말 놀랍다.

그것은 작은 문제가 아니다, 이 둥글고 아름다운 지구는, 정
확히 자신의 궤도를 지키며 영원히 영원히, 한 번의 덜컹
거림도 한순간의 거짓도 없이 돌고 있다,
나는 그것이 엿새 동안 만들어졌다고, 수만 년 동안, 수억만
년 동안 만들어졌다고 생각지 않는다,
하나 후에 다른 것이 계획되고 만들어진 것도 아니다, 건축
가가 집을 설계하고 짓는 것과는 다르다.

나는 70년이 한 남자나 여자의 시간이라고 생각지 않는다,
또 저 7천만 년이 한 남자나 여자의 시간이라고,
저 세월이 나나 다른 누군가의 존재를 멈추게 할 것이라고
도 생각지 않는다.

내가 불멸일 것이 놀라운가? 모든 사람들이 불멸이듯이,

나는 그것이 놀랍다는 것을 안다…… 그러나 내 시각은 똑같이 놀라우며…… 내가 어머니의 자궁 속에서 어떻게 잉태되었는지 또한 똑같이 놀랍다,

그리고 내가 어떻게 한때 손에 잡히지 않았지만 지금은 그리 되었는지…… 1819년 5월 마지막 날에 태어나…… 세 번의 여름과 세 번의 겨울 동안 기어다니는 황홀감에 겨운 아기에서 어떻게 말하고 걸어다니게 되었는지…… 모든 것이 똑같이 놀랍다.

그리고 키가 6피트로 자라고…… 1855년에 36세의 남자가 되었고…… 그리고 어찌 되었든 내가 여기 존재한다는 것이 모두 똑같이 놀랍다.

또한 나의 영혼이 이 시간 당신을 껴안고, 우리가 늘 보지 못하면서도, 아마도 서로 결코 만나지 않을 것임에도 서로 영향을 주고받는 것, 모든 것이 똑같이 놀랍다.

이와 같은 생각들이 똑같이 놀랍다고 생각하며,

내가 당신에게 상기시켜, 당신이 그 생각을 하고 그것들이 진실함을 안다는 것이 똑같이 놀랍다,

또한 달이 지구 주위를 돌고 지구와 함께 계속 돈다는 것이 마찬가지로 놀랍다,

그리고 그들이 태양과 별에 스스로 균형을 이루는 것이 마찬가지로 놀랍다.

자 오라, 나 네게 귀 기울이고 싶다 와서 네 안에 있는 놀랍

지 않은 것을 말하라,
그러면 나는 마찬가지로 놀라운 일요일 아침과 토요일 밤 사이의 그 무엇의 이름을 듣겠다.

나의 신화들은 위대하다

1
위대하다, 신화들이여…… 그것들은 또한 내 기쁨이다,
위대하다, 아담과 이브여…… 나는 또한 돌아보며 그들을 받아들인다,
위대하다, 일어선 국가들과 쓰러진 국가들이여, 시인들과 여자들이여, 성인들과 발명가들, 지도자들, 군사들과 성직자들이여.

위대하다, 자유여! 위대하다 평등이여! 나는 그들의 추종자다,
국가의 지도자들이여, 당신의 배를 결정하라…… 당신이 항해하는 곳으로 나는 항해할 것이다,
당신이 지닌 것은 삶과 죽음의 근육…… 당신이 지닌 것은 완벽한 과학…… 나는 당신을 절대적으로 믿는다.

위대하다, 오늘이여, 그리고 아름답다,
이 시대에 사는 것이 좋다…… 더 좋은 시절은 결코 없었다.

위대하다, 민주주의의 돌진과 고통들 승리들 패배들이여,
위대하다, 일탈과 비명 지르는 개혁가들이여,
위대하다, 새로운 탐험에 나서는 선원들의 용기와 모험이여.

위대하다, 당신 자신과 나 자신이여,
우리는 가장 늙은 사람과 가장 젊은 사람들 혹은 그 어떤 이들과 마찬가지로 선하고 악하다,
가장 선하고 악한 사람들이 한 바를 우리가 할 수 있었다,
그들이 느꼈던 것…… 우리는 그것을 우리 자신 안에서 느끼지 않는가?
그들이 소망했던 것…… 우리는 그와 똑같은 것을 소망하지 않는가?

위대하다, 젊은이여, 그리고 마찬가지로 위대하다, 늙은이여…… 위대하다, 낮과 밤이여,
위대하다, 부유함이여, 위대하다, 가난함이여…… 위대하다, 경험이여, 위대하다, 침묵이여.

크고 건장하고 사랑스러운 젊은이…… 우아함과 힘과 매력으로 가득한 젊은이,
당신은 늙은이가 똑같은 우아함과 힘과 매력으로 당신 뒤를 따라올 수 있음을 아는가?

완벽하게 보내는 찬란한 낮…… 커다란 태양의, 행동과 야망

과 웃음의 낮,
밤이 가까이 따라온다, 수백만의 태양과, 졸음과 다시 오는 어둠과 함께.

붉은 손과 좋은 옷과 환대와 함께 오는 부유함,
그러나 영혼의 부유함 — 그것은 솔직함과 지식과 자부심 그리고 껴안는 사랑이다.
부유함보다 더 풍요로운 가난을 드러내 보이는 남자들과 여자들, 그들을 향해 가는 이 누구인가?

언어적 표현…… 쓰이거나 말해지는 것 속에서 잊지 마라 침묵이 또한 표현임을,
가장 격한 것만큼이나 격한 고통과 가장 차가운 것만큼이나 차가운 경멸은 말 없는 것일 수 있음을,
진실한 숭배는 말 없는 것, 무릎을 꿇지 않는 것과 같은 것임을.

2
위대하다, 가장 위대한 국가여…… 동등한 국가들의 연합체인 국가여.

위대하다, 지구여, 그리고 현재의 그것이 된 방식이여,
지구가 이렇게 멈추었다 상상하는가? …… 더 커져 가는 것이 멈추었다고?

그렇다면 지구가 물과 가스로 뒤덮여 있던 그때로부터 현재에 이르렀듯 현재로부터 계속 나아갈 것임을 이해하라.

위대하다, 사람 안에 있는 진리의 특성이여,
사람 안에 있는 진리의 특성은 모든 변화들을 통해 스스로를 지탱한다,
그것은 필연적으로 사람 안에 있고…… 사람과 그것은 사랑하며, 결코 서로를 떠나지 않는다.

사람 안의 진리는 결코 선언이 아니다…… 그것은 시각처럼 생명의 것이다,
영혼이 있다면 진리가 있다…… 남자나 여자가 있다면 진리가 있다…… 육체적인 것이나 도덕적인 것이 있다면 진리가 있다,
균형과 결단이 있다면 진리가 있다…… 지구 상에 사물들이 있다면 진리가 있다.

오, 대지의 진리여! 오 사물들의 진리여! 나는 모든 길이 당신에게로 나아가길 단호히 재촉한다,
네 목소리를 내라! 내 너를 따라 산을 오르거나 바다로 뛰어들겠다.

3
위대하다, 언어여…… 그것은 과학들 중에서 가장 힘이 세다,

그것은 대지의 완벽함이고 색깔이고 형태이고 다양함이다……
그리고 남자들과 여자들의 …… 모든 특성과 과정들의 것이다,
그것은 부유함보다 더 위대하다…… 그것은 집을 짓는 일이나 배나 종교나 그림이나 음악보다 더 위대하다.

위대하다, 영어여…… 영어만큼 위대한 말 무엇인가?
위대하다, 영국인의 종족이여…… 어떤 종족이 영국인만큼 거대한 운명을 지니는가?
그것은 새로운 법칙으로 지구를 지배해야 할 종족의 어머니다,
새로운 법칙은 영혼이 지배하듯 지배할 것이며, 영혼의 법칙 안에 존재하는 사랑과 정의와 평등처럼 지배할 것이다.

위대하다, 법률이여…… 위대하다, 법률의 몇 안 되는 낡은 이정표들이여…… 그들은 모든 시대에 걸쳐 한결같고 결코 흐트러짐이 없다.
위대하다, 결혼이여, 상업, 신문, 책, 자유 무역, 철로, 증기선, 국제 우편, 전보, 교역이여.

4
위대하다, 정의여.
정의는 법률가들과 법률에 의해 규정되지 않는다…… 그것은 영혼 안에 있다,

그것은 사랑이나 자부심이나 중력의 끌어당김이 그러하지
 않듯 법 제정으로 변화시킬 수 없다,
그것은 불변의 것이다…… 그것은 다수에 의해 좌우되지 않
 는다…… 다수, 혹은 그들과 마찬가지로 열정도 없는 엄격
 한 법관들 앞에 끝내 나오지 않을 사람들에 의해서도.

왜냐하면 정의는 웅장한 자연 법률가들이며 완벽한 판사들
 이므로…… 그것은 그들 영혼 안에 있다,
그것은 잘 어울린다…… 그들이 연구한 것은 헛일이 아니었
 다…… 위대한 것은 열등한 것들을 포괄한다,
그들은 가장 고귀한 근거로 지배한다…… 그들은 모든 시대
 와 국가들과 행정들을 살핀다,

완벽한 판사는 아무것도 두려워하지 않는다…… 그는 하느
 님 앞에 정면으로 나갈 수 있다,
완벽한 판사 앞에서는 모두 물러설 것이다…… 삶과 죽음이
 물러설 것이다…… 천국과 지옥이 물러설 것이다.

5
위대하다, 선(善)이여.
나는 선이 무엇인지 알지 못한다, 건강이 무엇인지 알지 못
 하듯…… 그러나 나는 그것이 위대하다는 것을 안다.

위대하다, 사악함이여…… 나는 내가 종종 선을 숭배하듯 그

것을 숭배하는 것을 안다,
당신은 그것을 모순이라 하는가? 그것은 분명 모순이다.

사물들의 영원한 균형은 위대하다, 그리고 사물들의 영원한 전복은 위대하다,
그리고 또 다른 모순이 있다.

위대하다, 삶이여…… 구체적이고도 신비롭다…… 어디서든 누구라도,
위대하다, 죽음이여…… 삶이 모든 부분들을 함께 묶고 있듯 분명 죽음은 모든 부분들을 함께 묶는다,
별들이 빛 속으로 녹아든 후 다시 돌아오듯, 분명 죽음은 삶처럼 위대하다.

역자 해설
월트 휘트먼: 위대한 시인, 긍정의 다독임

 월트 휘트먼Walt Whitman(1819~1892)은 19세기 미국 문학사에서 아마도 가장 큰 자리를 차지하는 시인이라 할 것이다. 그리고 그의 영향력은 오늘날에 이르기까지 미국뿐만 아니라 영국과 다른 나라들에서도 여전하다. 이는 그가 당대의 미국 사회를 관통하고 있던 주류의 믿음이나 신념에서 벗어나 앞날의 미국과 세계에서 통용될 새로운 관점을 제시했다는 점에서 기인한다. 20세기에 접어들어서도 미국과 영국에서 여전히 통용되고 있던 인간에 대한 회의적인 판단과 문명에 대한 냉소적인 시선에 견주어 보면 휘트먼의 웅장하고도 유려한 인간 존재에 대한 찬양이 새로운 대안으로 크게 환영받은 맥락을 이해할 수 있다.

 특히 20세기 전반의 영미 시인들에게 휘트먼은 미국적 낙관주의를 이어 나가게 해주는 커다란 기둥과 같은 존재였다. 젊은 시절의 예이츠W. B. Yeats는 그를 숭배했고, 20세기 초반, 이미지즘을 주창하여 현대 영미시의 기틀을 마련했다고 할 수 있는 에즈라 파운드Ezra Pound는 휘트먼을 〈새로운 숲을 이룬 사람〉이라고 경배하면서 그와의 〈협정pact〉을 제안하는 작품을 쓰기도 했다. 그뿐만 아니라 미국 현대시가 영국과 구별되는 독자적인 개성을 지녀야 함을 역설했던 윌리엄스William Carlos Williams는 휘트먼의 작품에서 그 대안을 찾기도 했다. 또한 20세기 전반의 대표적인 미국 시인들, 가령 하트 크레인Hart Crane, 랭스턴 휴스Langston Hughes, 로버트 로웰Robert Lowell, 앨런 긴스버그Allen Ginsberg 등은 그의 시적 전통을 이어 가는 시인들이라고 할 수 있을 정도로 휘트먼의 시적 전통은 계속 이어지고 있다. 이러한 그의 영향력은 다른 나라 시인들에게도 예외는 아니어서, 칠레 출신의 시인 파블로 네루다Pablo Neruda는 휘트먼을 〈진정한 미국인의 이름을 갖게 된 첫 번째 시인〉이라고 평가하여 그를 미국의 시적 전통을 수립한 시인으로 평가하기도 하였다. 『풀잎Leaves of Grass』의 서문 말미에서 그가 〈시인에 대한 증거란 그가 나라를 따뜻하게 받아들이듯 그의 나라가 그를 그렇게 받아들이는 것에 있다〉라고 한 주장은 그에게 그대로 적용되고 있는 것이다. 다시 말해 후대의 여러 시인들이 그를 칭송하고 그의 시 세계를 마치 스펀지가 물을 빨아들이듯 흡수함으로써 그가 시인임을, 나아가 오늘날까지 이어지고 있는 그 영향력의 배가 과정을 통해 그 자신이 위대한 시인임을 증명해 보인다. 그리고 현재까지 이어지는 그에 대한 미국인들의 평가와 애정에서만이 아니라 시인들에게 주는 시적 형식과 주제에서의 영감 면에서도 그는 후대 시인들과 독자들에게 기대야 할, 혹은 넘어야 할 산맥과 같은 존재로 미국 시에 지향점을 제공하고 있는 것이다.

언뜻 화려하게 보이는 휘트먼의 영향력은 그의 작품이 제기한 새로운 문제들, 그에 대해 후대 시인들과 독자들이 계속해서 이어 온 질문과 대답으로 인한 것이다. 이전까지 이어져 온 사슬에 묶인 존재로서의 인간, 즉 창조주를 경배하는 것이 당연하듯 권력을 지닌 지배자들에게 무조건 복종해야 하는 존재로서의 인간은 그에게 이미 이전 시대의 이데올로기였다. 그가 주장하고 표현하고자 한 인간의 의미는 그 어떤 구속으로부터도 자유롭고 모두가 평등한 존재가 갖는 그것이었다. 1855년 처음 출판한 『풀잎』에서부터 1892년 세상을 떠날 때까지 거의 40년에 가까운 기간 동안 계속 수정 보완하여 작품을 다듬으며 휘트먼이 일관되게 그려 낸 것은, 바로 인간 개개인의 자아에 대한 찬양과 평등한 존재로서의 개인들이 이루는 사회에 대한 믿음이었다. 즉 개인에 대한 존중과 자유에의 의지, 그리고 만민 평등의 이상을 이 작품의 일관된 핵심으로 제시하여 미국 사회가 가야 할 방향을 제시하고, 그 반대로 미국 사회가 지향하는 그 흐름에 부응하는 주장을 설파한 것이다.

이러한 휘트먼의 인식은 이 우주에 존재하는 모든 존재의 개별성과 그 독자적인 존재 의미, 나아가 그 각각이 서로 연관되어 있다는 인식을 휘트먼이 일관되게 유지함으로써 지닐 수 있는 것이었다. 그리고 이러한 인식은 19세기의 미국, 나아가 19세기의 영국에서 본다 해도 매우 파격적이라 할

만하다. 아직도 기독교의 우주관이 지배적이던 당대에 이 우주의 중심이 〈나 자신myself〉이라고 노래한다는 것, 그래서 자신의 작품을 바로 〈나 자신〉으로부터 시작한다는 것은 어찌 보면 당대의 지배 이데올로기로부터의 해방을 추구한 것이기도 하며 역설적으로는 당대의 사회가 그만큼 억압적이었음을 반증하기도 한다. 그래서 이 작품은 낭만주의적 이상에의 추구와 궤를 같이한다. 뿐만 아니라 그는 그 첫머리에서부터 〈나는 나 자신을 찬양한다〉라고 노래하면서, 그 〈찬양〉의 근거를 자신이 세속적인 명예나 부를 지니고 있어서가 아니라 자신이 생각하는 것을 다른 사람들과 함께 생각하기 때문이며 자신이 지닌 모든 요소들을 다른 사람들 역시 지니고 있다는 점에서 찾고 있다. 그래서 그의 자신에 대한 노래와 축복은 결국 다른 사람들 또는 다른 존재들과 공통된 요소를 지닌 존재로서의 소통에 근거하고 있는 것이다. 그리고 다른 사람들은 이 작품의 전체에 걸쳐 그 자신과 다를 바 없는 동등한 사람들로 제시된다. 다시 말해 남성이나 여성, 어른이나 아이, 백인이나 유색인, 고위 관료나 노동자…… 무수한 명칭으로 서로 구별되는 모든 사람들은 그저 사람이고 하느님의 창조물이라는 의미에서 그에게는 자신과 다를 바 없는 존재들이다. 그래서 그의 이 작품에서 사람은 그저 사람이다. 따라서 시인이 나 자신을 노래하고 축복하는 것은 곧 모든 사람들을 노래하고 축복하는 것과 다를 바 없다.

    자기 자신을 노래하고, 다른 사람들을 자신과 다를 바 없는 존재로 받아들이며 노래하는 태도는 휘트먼이 거듭 밝히고 있듯 우리 인간보다 더 우위에 있는 하느님의 존재에 대한 강한 믿음에서 온다. 물론 이것은 기독교적 신앙 속에서 이해되는 것이지만, 휘트먼의 하느님에 대한 믿음은 온전히 인간에 대한 자존과 그 존재적 근원에 대한 믿음이라 할 수 있다. 하느님에 의해 그 형상대로 창조된 인간이기 때문에 인간은 그 어느 누구로부터 구속되거나 억압될 수 없는 엄연한 자유 존재로서의 무한한 생명력을 지닌다는 것이다. 여름날 바람에 나부끼는 풀잎조차도 죽음 너머 생명으로 향하는 존엄성을 갖고 있다고 그는 노래한다. 따라서 휘트먼이 자신을 노래하고 축복한다는 이 작품에서의 첫 발언은 이 우주에 존재하는 모든 생명에 대한 당당한 긍정이며 축복이다.

그리고 이러한 긍정은 성과 인종, 그 어떤 계급에도 구애받지 않는다. 남성이든 여성이든, 백인이든 흑인이든 혼혈이든, 국회 의원이든 노동자이든 휘트먼은 모든 사람들이 자신과 동등하다고 말하며 그들 모두 서로 동등한 존재라고 주장한다. 나아가 자신은 누구와도 만나서 이야기를 나누고 소통하고 사랑할 수 있다고 말한다. 그래서 그의 노래는 당대 사람들이 보기에는 외설적이기까지 하다. 왜냐하면 그는 그 어떤 성적, 인종적 범주도 초월하여 모든 사람들을 자신과 동등한 존재로 받아들이며 사랑할 수 있는 사람이었기 때문이다. 이러한 개방적이고도 우주적 포용성은 첫 판본에서부터 노골적으로 표현되는데, 특히 〈나는 전기 띤 몸을 노래한다〉라는 작품에서 강건하고 힘에 넘치는 남성 육체에 대한 그의 거침없는 찬양은 (외설적이라고 평가한 당대의 관점을 제쳐 두고서라도) 대단히 인상적이다. 이를 단순히 성적 관점의 차원에서가 아니라 휘트먼이 바라보는 인간의 근본적 존재에 대한 관점에서 바라보면 그의 사람에 대한 이해가 그만큼 구속이나 규범에서 벗어난 이해임을 느낄 수 있다. 다시 말해 그의 작품에서 인간적인 것들은 결코 무시되지도 간과되지도 않는 것이다. 그에게는 인간의 모든 것이 중요하다. 영혼과 육체, 물질에 대한 추구와 정신에 대한 열정, 현실에 대한 집착과 현실 너머의 것에 대한 갈망…… 이 모든 것이 인간의 모습이며 인간의 요소로서 어느 것 하나 배척되지 않는다. 그래서 휘트먼의 작품을 읽으면 당연히 내 모순된 모습들이 긍정적인 것으로 다독여지고 내 내면의 서로 상충되는 욕망이 당연하고도 자연스러운 요소들로 받아들여지게 된다. 아마도 이러한 긍정의 다독임이 휘트먼 문학의 커다란 힘일 것이다.

그런데 휘트먼의 다독임은 그저 낮은 목소리의 다독임이 아니다. 그는 대표작 『풀잎』에서 처음부터 끝까지 커다란 목소리로 노래한다. 우렁찬 목소리들 속에서 평범한 사람들의 내면이 토로되고 드러나며 그것들이 순식간에 창조주의 자랑스러운 창조물로 찬양된다. 그래서 휘트먼의 목소리는 독자들을 압도하거나 구속하고 비난하는 큰 목소리가 아니라 세상을 향해 나의 순전한 모습을 알리는 당당한 목소리이다. 이를 통해 독자들은 자신의 못난 내면을 위로받는다.

그리고 이러한 위로 뒤에 본연의 모습을 솔직하게 대면하도록 하는 용기를 자신의 내면으로부터 끌어낼 수 있는 힘을 얻기도 한다. 그리하여 독자들은 결국 그의 작품을 통해 보다 나은 자아를 향해 내달릴 수 있는 것이다.

휘트먼의 『풀잎』에서 울리는 당당하고 강한 목소리와 그의 성장 과정을 비교하여 생각해 보면 기득권 계층 사람이 이제까지 누렸던 자신에 대한 자부심을 이제 가난한 계층 사람들도 지닐 수 있음을 확신하게 된다. 그는 당시 시골이었던 롱아일랜드의 헌팅턴Huntington에서 태어났지만 목수였던 아버지를 따라 뉴욕의 브루클린으로 이주한 후 시골과 도시를 두루 돌아다니며 성장했다. 학교는 5년 정도 다니다 그만두고 곧장 인쇄소 직원, 기자, 교사 등의 직업을 전전하면서 학교 교육을 통해 채 배우지 못한 인간에 대한 이해를 세상 속에서 직접 깨우친 것으로 보인다. 퀘이커교도였던 양친의 영향으로 어린 시절부터 인간에 대한 존중을 체화했던 것으로 알려져 있기도 하나, 무엇보다 그는 스스로 세상과 대면하고 다양한 계층과 인종의 사람들을 만나면서 인간이라는 존재 자체에 대한 나름대로의 이해를 증폭시켜 나갔다. 그래서 그가 『풀잎』에서 노래하는 자기 자아에 대한 노래가 인간 개개인 모두의 자아에 대한 노래로 바뀔 수 있음을 확신에 찬 어조로 피력할 수 있었던 것이다.

어떤 구속으로부터도 자유로운 그의 거침없는 어조는 이 작품의 형식과 잘 어울리면서 서로를 보완한다. 즉, 이 작품에서 택한 〈자유시〉 형식으로 인해 어조 역시 더욱 강력한 힘을 지닐 수 있는 것이다. 또한 거침없는 어조로 인해 자유시 형식은 알맞은 그릇으로 빛나게 된다. 휘트먼을 시인으로 평가할 때 가장 먼저 떠올리는 어휘가 바로 〈자유시〉이듯이, 그는 기존의 전통적인 시 형식에서 벗어난 형식으로 작품을 썼다. 이전까지 서정시는 일정한 운과 리듬을 지닌, 정형화된 형식을 지니고 있는 것으로 여겨졌다. 그래서 서정시 독자들은 대체적으로 행과 연, 그리고 각 연마다 규칙적으로 반복되는 운, 리듬 등의 요소가 서정시 작품에 공통적으로 존재하고 있다고 믿었다. 즉 어떤 시 작품이든 형식적 요소라는 측면에서 고유한 특징을 지녀야 한다는 것이 시에 대한 일반적인 관념이자 시인에 대한 요구 사항이었다. 그러나 휘트먼의 작품들에서는 이러한 전통적인 형식적 요소들이 거의 존재하지 않는다. 다시 말해 짧은 행, 일정 수의 행이 모여 이루어지는 연의 구별은 그의 작품에서 의미가 없다. 특히 『풀잎』에서 행의 길이는 전혀 일정하지 않으며 이에 따라 리듬 역시 규칙적이지 않다. 행이 일정한 길이를 지니지 않기 때문에 연 역시 정확한 수의 행으로 이루어지지 않는다. 그 대신 휘트먼의 작품에서는 산문에서 구사되는 언어가 그대로 사용되고, 그것들이 모여 하나의 작품을 이루면서 마치 산문의 문장을 열거해 놓은 것 같은 느낌을 불러일으킨다. 이에 따라 휘트먼의 작품을 읽으면서 경험하게 되는 것은 전통적인 서정시와는 다른 산문적인 운율이나 리듬이다. 휘트먼 시에서의 형식이란 일상어의 자연스럽고 자유로운 리듬에 따른 느슨한 형식에 가깝다. 그는 언어의 자유로운 리듬을 자기 작품에 그대로 반영함으로써 시 형식의 자유로움과 시 언어의 무한한 가능성을 열어 보였다.

산문의 언어와 다를 바 없는 휘트먼의 시 언어는 18세기 후반부터 영국에서 벌어진 낭만주의 문학의 자유로운 상상력과 일상 언어에 대한 무한한 신뢰와 맞물리면서도 바야흐로 20세기 초반 영미 문학의 주류를 이루게 되는 형식상의 실험과 새로운 언어에의 추구로 특징되는 모더니즘의 한 축을 선점한다. 물론 휘트먼의 자유시 형식이 영국 낭만주의와 관련하여 필수적으로 논의되어야 할 사항은 아니지만, 우연하게도 대양을 사이에 두고 일어난 고전주의적 규범에서의 탈피와 언어의 자유로운 운율 획득은 이후 일어나게 되는 민주주의적 시 지평의 확대와 밀접하게 관련됨으로써 휘트먼 문학의 의미를 증폭시킬 수 있는 요소이기도 하다. 그만큼 휘트먼이 그의 작품에서 성취해 내고 있는 자유로운 형식과 언어의 유려한 리듬은 그저 형식상의 의미로서만이 아니라 주제와도 관련되는 것이다. 그가 이 자유시 형식으로 노래하고 있는 주제가 다름 아닌 자유와 희망이기 때문이다. 그리고 이 점에서 시인은 독자들과 교류할 수 있다고 함으로써 휘트먼은 문학 세계에서의 독자들의 역할을 강조한다. 그는 우리 인간이 시인이든 독자이든 구별 없이 모두 문학 세계에 동등하게 속하고 그 집단을 계속 확대하는 역할을 한다는 점을 상기시키는 것이다. 시인이 자신의 언어에 대해 고심하며 그것을 풀어놓은 작품에 대해 독자가 나름의 방식으로 반응하고 그것을 자신의 언어로 다시 전달할 때 문학은 새로운 풍요로움을 누릴 수 있다. 이것이 그가 자신의 작품을 통해 끊임없이 역설하는 바다. 그러면서 그는 사람들이 세상에서 공동체를 이루어 나가게 하고, 인간의 소통 도구인 언어를 새롭게 할 뿐만 아니라, 그것이 담아내는 주제를 통해 공동체를 새로운 방향으로 인도하는 귀중한 존재로서 시인을 부각시킨다.

당대의 전형적인 시선이나 사상에 대해 도전하는 휘트먼의 작품들을 보면 휘트먼이 학교 교육을 받은 바 없는, 그저 그런 길거리 시인일 뿐이라는 표면적인 인상은 잘못된 것임을 알 수 있다. 실제로 휘트먼은 끊임없이 자신을 단련시킨 시인이며 문학가였다. 『풀잎』에서 느낄 수 있는 예언자적 어조의 유려함은 성경에서 받은 영향으로 보이며, 그 밖에도 단테, 셰익스피어, 호메로스, 소포클레스와 아이스킬로스 등의 작품을 읽고 많은 영향을 받았다. 뿐만 아니라 그는 오페라와 연극 활동에도 참여하여 자신의 작품에서 풍요롭게 피어나는 언어에 대한 예민한 감수성을 단련했다.

휘트먼에 대해 평가하려 할 때 한 개인으로서나 시인으로서나 한결같이 일생 끊임없이 노력했다는 점은 매우 인상적이다. 그는 평생 정식으로 혼인한 적 없고 적자로 공인할 만한 자식을 두지는 않았지만 몇 명의 사생아를 두었다고 알려져 있다. 평범한 삶을 살지 않았지만 당대의 여러 사건들에 온전하고 충실하게 반응하는 삶을 살았다. 그는 남북 전쟁 때 간호병으로 참전했고 그때의 경험을 기록하여 인간 내면과 역사의 흐름 속에 존재하는 불합리한 욕망과 현상들을 지적했다. 그리고 여러 신문사에서 기자, 편집인으로 일하면서 보았던 크고 작은 사건들을 단순한 기삿거리로 넘기지 않고 그것들로부터 인간 내면의 보다 더 근원적인 문제들을 터득하고자 애썼다. 그런 노력들이 결국 시인 휘트먼의 내면에 통합되어 『풀잎』의 주제로 승화된 것이다. 그리고 그런 관점들에 대한 확고한 경험적 기반이 여러 해를 통해 이 작품에 계속 용해될 수 있도록, 그는 죽을 때까지 끊임없는 노력을 기울였다. 이는 죽기 바로 직전까지 이 작품을 매만진 사실에서도 알 수 있다. 휘트먼은 풀잎과 같은 미물을 통해 인간의 중요성을 노래한 시인이자, 죽기 직전까지 자신의 관심을 끈질기게 추구한 위대한 시인이었던 것이다.

허현숙

월트 휘트먼 연보

1819년 출생 5월 31일 미국 롱아일랜드의 헌팅턴 타운십Huntington Township의 웨스트힐스West Hills에서 아버지 월터 휘트먼Walter Whitman과 어머니 루이자 판 펠서 휘트먼Louisa Van Velsor Whitman의 둘째 아들로 태어남. 원래 이름은 아버지와 같은 월터Walter였지만 그의 부모는 곧 그를 월트Walt로 고쳐 불렀다고 함. 아버지 월터는 애국심이 강한 사람으로, 아들들의 이름을 앤드루 잭슨Andrew Jackson, 조지 워싱턴George Washington, 토머스 제퍼슨Thomas Jefferson 등으로 짓고, 혁명적인 사고방식을 갖도록 교육함. 어머니 루이자는 퀘이커교도로, 영적인 삶을 중시하는 퀘이커교의 가르침을 자녀들에게 전함.

1823년 4세 5월 27일 휘트먼 가족이 그때까지 살았던 웨스트힐스에서 브루클린Brooklyn으로 이사함. 이후에도 롱아일랜드의 도시와 마을로 여러 번 이사함.

1825년 6세 브루클린의 공립 학교에 다니며 교육을 받기 시작함.

1829년 10세 어머니를 비롯한 온 가족이 퀘이커교 목사 엘리아스 힉스Elias Hicks의 설교를 들음. 휘트먼은 그의 설교에서 느꼈던 강한 카리스마와 힘 있는 목소리를 평생 기억함.

1830~1831년 11~12세 가난 때문에 학교 교육을 더 이상 받지 못하

고 변호사 사무실에서 사환으로 일하기 시작함. 이후 롱아일랜드의 주간 신문 『패트리엇*Patriot*』의 인쇄 수습공으로 일하면서, 도서관에 정기적으로 드나들거나 연극 공연을 관람하고 롱아일랜드의 토론 그룹 모임에 참석하는 등 독학의 길을 걷게 됨.

1832년 13세 여름 브루클린의 워싱턴 인쇄소Worthington's printing house에서 일함. 그해 가을부터 1835년 5월까지 휘그당의 유력 주간 신문 『롱아일랜드 스타*Long Island Star*』의 조판공으로 일함.

1835년 16세 맨해튼의 한 인쇄소에 수습공으로 일자리를 얻었지만, 정규직 직원이 되기 전인 이듬해 8월에 화재가 발생, 일을 그만둠. 이 시기에 시 작품들을 써서 주간 신문 『미러*Mirror*』 등에 익명으로 발표함.

1836년 17세 롱아일랜드로 돌아옴. 이스트노리치East Norwich, 헴프스테드Hempstead, 바빌론Babylon, 롱스웜프Long Swamp, 스미스타운Smithtown에서 학생들을 가르쳤지만, 교사라는 직업에 만족하지 못함.

1838년 19세 헌팅턴에서 주간 신문 『더 롱아일랜더*The Long Islander*』 창간. 신문의 발행인 겸 편집자로 일하면서 인쇄 및 신문 배달까지 도맡았으나 10개월 후 신문을 크로웰E. O. Crowell에게 팔았음(이후 그의 이름으로 발행된 신문은 남아 있지 않음).

1839년 20세 여름 제임스 브렌턴James J. Brenton이 편집자로 있던 퀸스 자메이카Queens Jamaica에서 발행하던 주간 신문 『더 롱아일랜드 데모크랫*The Long Island Democrat*』에 인쇄 식자공으로 취직했으나 곧 그만두고 다시 교사 생활을 함.

1839~1841년 20~22세 트리밍 스퀘어Trimming Square, 우드베리Woodbury, 딕스힐스Dix Hills, 화이트스톤Whitestone에서 교사 생활을 하면서 간간이 신문에 기고함. 이 기고문들에서 휘트먼은 화자를 등장시켜 그로 하여금 발언하게 하는데, 이런 방법은 이후의 다른 작품에서도 계속 사용됨.

1840년 21세 가을 마틴 밴 뷰런Martin Van Buren의 선거 운동에 참여함.

1841년 22세 5월 뉴욕 시로 이사함. 문학 신문 『뉴 월드*The New World*』의 조판공으로 일함. 7월 시티홀 파크에서 열린 민주당 집회에서 연설함. 8월 『미국 잡지와 민주 논평*The United States Magazine and Democratic Review*』에 단편소설 「교실에서의 죽음 (사실)Death in the School-Room (a Fact)」 발표.

1842~1845년 23~26세 『뉴욕 오로라*The New York Aurora*』, 『이브닝 태틀러*Evening Tattler*』, 『스테이츠먼*Statesman*』, 『데모크랫*Democrat*』, 『미러』 등의 신문에서 편집자로 일함.

1845~1846년 26~27세 8월 브루클린으로 돌아가 이듬해 3월까지 『브루클린 이브닝 스타*Brooklyn Evening Star*』에서 일함.

1846~1848년 27~29세 『더 브루클린 데일리 이글*The Brooklyn Daily Eagle*』의 편집자로 일하면서 계속 소설과 시 작품들을 발표함. 그러나 민주당을 지지하는 활동을 하여 보수 정당을 지지했던 이 신문사의 사장과 의견 충돌을 빚었고, 결국 일을 그만두게 됨.

1848~1849년 29~30세 『이글』의 편집 일을 그만둔 후 뉴올리언스New Orleans로 가서 『데일리 크레센트*Daily Crescent*』의 논설위원이 됨. 6월 다시 브루클린으로 돌아와 노예제를 반대하는 프리 소일당Free-soil Party의 신문 『위클리 프리먼*Weekly Freeman*』을 창간, 편집인이 되어 9월 9일에 첫 신문을 발행함. 1849년 봄 『프리먼*Freeman*』이 일간지로 전환됨. 휘트먼은 그해 9월 11일까지 이 신문을 편집함.

1849~1854년 30~35세 인쇄소 및 서점 직원, 목수, 건설 노동자 등으로 일하는 한편 프리랜서 저널리스트로 활동함. 이 기간 동안 『뉴욕 데일리 트리뷴*New York Daily Tribune*』에 발표한 시 「부활Resurgemus」 등을 통해 시적 형식에 대한 과감한 실험을 하는 한편, 셰익스피어 작품의 공연을 즐겨 관람함. 특히 뉴욕과 롱아일랜드를 돌아다니며 시장이나 트램에서 일하는 여러 사람들과 교류하면서 장소를 가리지 않고

셰익스피어와 호메로스의 작품을 큰 소리로 낭송하기도 함. 여전히 정규 직업을 갖지 못하고 떠돌아다니면서도 큰 사고가 일어난 현장과 다친 사람들이 입원한 병원을 방문하여 간호하는 일에 열중함. 이 경험은 나중에 남북 전쟁이 발발했을 때 간호병으로 일하게 되는 계기가 됨.

1855년 36세 7월 4일 열두 편의 시와 서문이 담긴 시집 『풀잎Leaves of Grass』을 자비로 출판함. 7월 11일 아버지 사망. 7월 21일 당대 유명 시인이었던 랠프 월도 에머슨Ralph Waldo Emerson이 『풀잎』을 〈재치와 지혜가 있는, 미국이 배출한 가장 놀라운 작품〉이라고 평하면서 〈당신의 위대한 커리어의 시작을 축하한다〉는 편지를 보냈고, 이 작품에 대해 5페이지 분량으로 추천 편지를 써서 주변 사람들에게 돌림. 그 덕에 이 작품은 미국 독자들에게 널리 읽혔지만 동시에 외설적이라는 비난도 받음. 11월부터 이듬해 8월까지 뉴욕의 『라이프 일러스트레이티드Life Illustrated』지에 정치 에세이 「제18대 대통령!The Eighteenth Presidency!」 기고.

1856년 37세 32편의 시, 에머슨의 편지, 에머슨에게 휘트먼이 보낸 답장이 담긴 『풀잎』 제2판 출간. 그의 작품이 널리 알려지면서 당대 미국의 유명 문인이었던 루이저 메이 올컷Louisa May Alcott과 헨리 데이비드 소로Henry David Thoreau가 11월 브루클린에 있던 휘트먼을 방문함. 이듬해에는 에머슨이 방문함.

1857~1859년 38~40세 『풀잎』 출간 후에도 경제적인 궁핍은 여전하여 다시 브루클린의 『데일리 타임스Daily Times』에서 편집자로 일하다 1859~1860년 사이의 겨울에 그만둠. 「아담의 아이들Children of Adam」, 「창포Calamus」 등의 시 발표.

1860년 41세 3월 『풀잎』 제3판 발행. 보스턴에서 에머슨을 만나 「아담의 아이들」에 나타난 성적 이미지에 대해 토론함. 에머슨은 휘트먼에게 이 작품을 시집에서 삭제하라고 충고함.

1861년 42세 남북 전쟁 발발. 동생 조지George가 연방군에 입대하여 전쟁 상황을 편지로 전함. 휘트먼은 남북 전쟁에서 북부를 지지하며 애국심을 고취하는 시 작품 「울려라! 북소리! 울려라!Beat! Beat! Drums!」 발표.

1862년 ^{43세} 12월 부상자 명단에서 동생 조지의 이름을 보고 동생이 있던 버지니아 주로 가서 부상병들을 간호함. 그곳에서 2주간 머무름.

1863~1864년 ^{44~45세} 워싱턴으로 옮김. 군인 병원에서 간호 일을 하며 짬짬이 군 경리관 사무실에서 파트타임으로 일함. 이때의 경험을 바탕으로 「병자들의 위대한 군대The Great Army of the Sick」 발표. 윌리엄 더글러스 오코너William Douglas O'Connor, 존 버로스John Burroughs와 친분을 쌓음. 에머슨을 통해 정부 관리가 되려고도 해보지만 일자리를 얻지는 못함. 12월 동생 앤드루 잭슨이 결핵으로 사망함. 이듬해에 동생 조지가 남부 연합군에 잡히고, 형 제시Jesse가 킹스 카운티의 정신 병원에 입원하는 등 가족에 비극적 사건들이 이어짐.

1865년 ^{46세} 1월 내무성 산하의 인디언 사무국 서기로 임명됨. 3월 링컨 대통령의 두 번째 취임식에 참석함. 4월 링컨 대통령이 암살됨. 5월 시집 『북소리Drum-Taps』를 출간하려 했으나 링컨에 대한 추모의 마음을 담은 속편을 추가하기 위해 출간을 연기함. 6월 30일 『풀잎』의 저자라는 사실이 알려지면서 당시 내무 장관 제임스 할란James Harlan에 의해 6개월 만에 서기직에서 해고됨. 시인이자 잡지 『새터데이 이브닝 포스트Saturday Evening Post』의 편집자였던 오코너의 도움으로 검찰 총장 사무실로 자리를 옮겨 연방군 군인들을 인터뷰하는 일을 하게 됨. 이 시기부터 선악의 문제를 비롯한 영적 주제를 다룬 작품들을 쓰기 시작함. 이 시기의 시들 중 대표작으로 꼽히는 「라일락이 현관에서 마지막으로 꽃피웠을 때When Lilacs Last in the Dooryard Bloom'd」, 링컨을 기린 시 「오 선장님! 나의 선장님!O Captain! My Captain!」 집필. 시집 『북소리와 속편Drum-Taps and Sequel』 출간. 연방군의 기병대에 소속되어 있던 18세의 피터 도일Peter Doyle을 지속적으로 만나기 시작함.

1866년 ^{47세} 오코너가 「선한 회색 시인The Good Gray Poet」이라는 글을 휘트먼과 공동으로 발표하여 인디언 사무국의 서기직에서 휘트먼을 해고한 제임스 할란에게 항의함.

1867년 ⁴⁸세 존 버로스가 쓴 휘트먼에 대한 첫 전기물『시인이자 인간인 월트 휘트먼에 대한 기록*Notes on Walt Whitman as Poet and Person*』출간. 7월 6일 작가이자 비평가 윌리엄 마이클 로제티William Michael Rossetti가『런던 연보*London Chronicles*』에 휘트먼의 작품에 대한 감사의 글 발표. 뉴욕에서『풀잎』제4판 출간. 12월『민주주의의 전망*Democratic Vistas*』의 첫 부분「민주주의Democracy」를 잡지『갤럭시*the Galaxy*』에 발표.

1868년 ⁴⁹세 영국에서『월트 휘트먼 시선집*Poems of Walt Whitman: Selected and Edited by Rossetti*』이 윌리엄 로제티의 편집으로 출간됨 (휘트먼의 시집으로는 처음이었음).

1869년 ⁵⁰세 휘트먼의 작품들이 영국에서 잇달아 출간되며 독자들을 확보함. 특히 시인 윌리엄 블레이크William Blake의 전기 작가 앤 길크리스트Anne Gilchrist, 영국의 시인 에드워드 카펜터Edward Carpenter는 로제티가 편집한 휘트먼의 시집을 읽고 휘트먼에게 매료되었다고 공공연히 선언함.

1870년 ⁵¹세 우울증에 시달림. 5월 앤 길크리스트가『어느 영국 여성의 월트 휘트먼에 대한 평가*An Englishwoman's Estimate of Walt Whitman*』출간.

1871년 ⁵²세 『풀잎』제5판,『민주주의의 전망』,『인도로 가는 길*Passage to India*』출간. 영국의 시인 앨저넌 찰스 스윈번Algernon Charles Swinburne이 1871년에 발표한 자신의 시집『새벽의 노래*Songs Before Sunrise*』에서 휘트먼을 찬양함. 영국 계관 시인이었던 앨프리드 테니슨Alfred Tennyson과 시인이자 후에 휘트먼의 전기 작가가 된 존 에딩턴 시먼즈John Addington Symonds가 휘트먼에게 애정 넘치는 편지를 보내옴. 5월 앤 길크리스트로부터 청혼을 받으나 정중히 거절함. 9월 루돌프 슈미트Rudolph Schmid에 의해『민주주의의 전망』이 덴마크어로 번역됨. 뉴욕의 미국 연구 기관 전시회에서「결국 그저 창조하는 것만은 아니다After All, Not to Create Only」 낭송.

1872년 ^{53세} 6월 1일 프랑스 작가이자 소설가 테레즈 벤드손Thérèse Bentzon(마담 블랑Mme Blanc으로 알려짐)이 잡지 『르뷔 데 되 몽드 *Revue des Deux Mondes*』에 휘트먼에 대한 비평 에세이 발표. 6월 27일 다트머스 대학Dartmouth College 졸업식에서 「자유롭게 날아가는 강한 새처럼As a Strong Bird on Pinions Free」 낭송. 극도의 쇠약증에 시달림. 오코너와 언쟁을 벌임. 유언을 작성함.

1873년 ^{54세} 1월 23일 뇌졸중 발작을 일으킴. 5월 23일 어머니 사망. 터프츠 대학Tufts College 졸업식에서 「우주적인 것의 노래Song of the Universal」 낭송. 6월 워싱턴을 떠나 동생 조지와 함께 뉴저지의 캠던Camden으로 이사함.

1874년 ^{55세} 7월 12일 에드워드 카펜터로부터 칭송 편지를 받음. 잡지 『하퍼스 매거진*Harper's Magazine*』에 「레드우드 나무의 노래Song of the Redwood-Tree」 발표.

1875년 ^{56세} 뉴저지 주의 스탠퍼드 팜Stafford Farm에서 요양하기 시작함. 요양은 이듬해까지 간헐적으로 이어짐.

1876년 ^{57세} 〈저자 판본〉 또는 〈10주년 기념판〉으로 알려진 『풀잎』과, 이것에 짝을 이룬다는 『두 시냇물*Two Rivulets*』 및 『남북 전쟁 기간에 대한 기록*Memoranda During the War*』 출간. 『웨스트저지 프레스 *West Jersey Press*』에 자기 자신에 대한 비평인 「월트 휘트먼의 미국에서의 위상Walt Whitman's Actual American Position」 발표. 이 에세이는 훗날 휘트먼에 대한 미국인들의 경시에 대해 국제적인 논쟁을 일으킴. 인쇄소 직원이었던 해리 스태퍼드Harry Stafford와 친분을 쌓으며 팀버 크리크Timber Creek에 있는 스태퍼드의 가족 농장을 종종 방문함. 9월 그에게 청혼하였다가 거절당했던 앤 길크리스트가 아이들과 함께 휘트먼을 방문, 재차 청혼함.

1877년 ^{58세} 1월 필라델피아에서 영국 태생의 미국 정치 평론가 토머스 페인Thomas Paine에 대해 강연함. 조지 W. 워터스George W.

Waters가 그의 초상화를 그림. 카펜터가 캠던의 휘트먼을 방문함. 후에 그의 전기를 쓰게 되는 리처드 모리스 버키Richard Maurice Bucke가 휘트먼을 방문, 그와 친밀한 관계가 됨. 해리 스태퍼드와 함께 뉴욕으로 가서 버로스를 만남.

1878년 59세 〈에이브러햄 링컨의 죽음에 대해The Death of Abraham Lincoln〉라는 제목으로 강연하기로 했던 일정을 취소해야 할 정도로 몸이 쇠약해짐. 그러나 6월에는 뉴욕으로 가서 J. H. 존스턴J. H. Johnston과 버로스를 방문함. 영국과 캐나다 등지로부터 방문한 독자들을 비롯하여 열혈 독자들의 방문이 이어짐.

1879년 60세 4월 뉴욕에서 첫 번째 링컨 강연을 가짐. 앤 길크리스트, 영국으로 돌아감. 9월 콜로라도 주에 이르기까지 서부 지역을 여행함. 다시 건강이 악화되어 동생 제프Jeff와 함께 세인트루이스Saint Louis에 머무름.

1880년 61세 1월 캠던으로 돌아옴. 4월 필라델피아에서 링컨 강연을 함. 6~10월 캐나다를 여행함. 온타리오 주의 런던London에서 버키를 만남.

1881년 62세 4월 15일 보스턴에서 링컨 강연을 함. 8~10월 다시 보스턴으로 가서 제임스 R. 오스굿James R. Osgood이 새로이 출간하기로 한 『풀잎』을 감수, 293편의 작품들을 포함시키기로 결정함. 콩코드Concord로 가서 에머슨을 방문함.

1882년 63세 1월 영국의 유명 극작가 오스카 와일드Oscar Wilde가 캠던의 휘트먼을 방문함. 4월 보스턴의 오스굿이 출간 예정이던 『풀잎』이 보스턴 지역 재판소로부터의 제재를 받자 출판을 포기함. 이에 따라 필라델피아의 리스 웰시 앤드 컴퍼니Rees Welsh & Company에서 그 판본을 발행. 이는 『풀잎』이 대중들에게 보다 널리 알려지는 계기가 됨.

1883년 64세 버키가 전기 『월트 휘트먼*Walt Whitman*』 출간.

1884년 65세 『풀잎』의 판매 수익금으로 캠던의 미클 가Mickle Street

에 집을 마련함.

1885년 66세 뇌졸중으로 거동이 불편해짐.

1886년 67세 메릴랜드의 엘크턴Elkton, 캠던, 필라델피아, 뉴저지에서 링컨 강연을 함.

1887년 68세 뉴욕 메디슨 스퀘어Madison Square에서 링컨 강연을 함. 이 강연에는 수많은 유명 인사들이 참석했을 뿐 아니라 6백 달러의 기금이 모이고 웨스트민스터 호텔Westminster Hotel에서 리셉션을 갖는 등 성공을 거둠. 시드니 모스Sidney Morse가 그의 흉상을 조각함. 허버트 길크리스트Herbert Gilchrist, J. W. 알렉산더J. W. Alexander, 토머스 에이킨스Thomas Eakins가 그의 초상화를 그림.

1888년 69세 6월 뇌졸중으로 인한 마비 증세를 보임. 새 유언장을 작성함. 자신의 문학 작품들에 대한 관리를 버키, 토머스 B. 하니드Thomas B. Harned, 호레이스 트로벨Horace Traubel에게 맡긴다는 내용이 포함됨.

1889년 70세 70세 기념 헌정 문집 『캠던이 월트 휘트먼에게 바침 *Camden's Compliment to Walt Whitman*』이 트로벨의 편집으로 출간됨.

1890년 71세 4월 필라델피아에서 링컨 강연을 함(그의 마지막 링컨 강연이었음). 자신의 시 작품 「창포」에 대한 존 에딩턴 시먼즈의 동성애적 해석에 대해 〈지독하다damnable〉며 항의함. 자신이 여섯 명의 사생아를 낳았다고 주장함. 10월 죽음을 준비하며 주택 모양의 화강암으로 된 4천 달러 상당의 묘소를 캠던 시의 할리 묘원Harleigh Cemetery에 마련하게 함.

1891년 72세 『시 전집*Complete Prose Works*』의 출간을 준비함. 12월 폐렴에 걸림.

1892년 73세 『나의 환상이여 안녕*Good-bye My Fancy*』, 『풀잎』의 최종판(〈임종판deathbed edition〉이라 불림) 출간. 3월 26일 월트 휘트먼 세상을 떠남. 자신이 마련하고 종종 방문했던 묘소에 안치됨.

열린책들 세계문학 167 풀잎

옮긴이 허현숙 이화여자대학교 영문과를 졸업하고, 동 대학원에서 박사 학위를 받았다. 영국 케임브리지 대학교 영문과에서 연구한 바 있으며, 한국예이츠학회 회장, 한국현대영미시학회 부회장을 역임했다. 현재 건국대학교 문과대학 영어영문학과 교수로 재직 중이다. 주요 연구 분야는 현대 영미 시, 특히 영국 및 아일랜드 시와 영미 여성 시로, 예이츠, 히니, 멀둔, 더피, 레버토프 등에 관한 논문을 발표했다. 시집 『오래된 책』을 출간한 시인이며 옮긴 책으로는 『예이츠 시선』이 있다.

지은이 월트 휘트먼 **옮긴이** 허현숙 **발행인** 홍예빈·홍유진
발행처 주식회사 열린책들 **주소** 경기도 파주시 문발로 253 파주출판도시
전화 031-955-4000 **팩스** 031-955-4004 **홈페이지** www.openbooks.co.kr
Copyright (C) 주식회사 열린책들, 2011, *Printed in Korea*.
ISBN 978-89-329-1167-0 04840 **ISBN** 978-89-329-1499-2 (세트)
발행일 2011년 4월 10일 세계문학판 1쇄 2024년 3월 30일 세계문학판 13쇄

이 도서의 국립중앙도서관 출판예정도서목록(CIP)은 서지정보유통지원시스템 홈페이지(http://seoji.nl.go.kr)와 국가자료공동목록시스템(http://www.nl.go.kr/kolisnet)에서 이용하실 수 있습니다.(CIP제어번호:CIP2011001305)

열린책들 세계문학
Open Books World Literature

001 **죄와 벌** 표도르 도스토옙스키 장편소설 | 홍대화 옮김 | 전2권 | 각 408, 512면

003 **최초의 인간** 알베르 카뮈 장편소설 | 김화영 옮김 | 392면

004 **소설** 제임스 미치너 장편소설 | 윤희기 옮김 | 전2권 | 각 280, 368면

006 **개를 데리고 다니는 부인** 안똔 체호프 소설선집 | 오종우 옮김 | 368면

007 **우주 만화** 이탈로 칼비노 단편집 | 김운찬 옮김 | 424면

008 **댈러웨이 부인** 버지니아 울프 장편소설 | 최애리 옮김 | 296면

009 **어머니** 막심 고리끼 장편소설 | 최윤락 옮김 | 544면

010 **변신** 프란츠 카프카 중단편집 | 홍성광 옮김 | 464면

011 **전도서에 바치는 장미** 로저 젤라즈니 중단편집 | 김상훈 옮김 | 432면

012 **대위의 딸** 알렉산드르 뿌쉬낀 장편소설 | 석영중 옮김 | 240면

013 **바다의 침묵** 베르코르 소설선집 | 이상해 옮김 | 256면

014 **원수들, 사랑 이야기** 아이작 싱어 장편소설 | 김진준 옮김 | 320면

015 **백치** 표도르 도스토옙스키 장편소설 | 김근식 옮김 | 전2권 | 각 504, 528면

017 **1984년** 조지 오웰 장편소설 | 박경서 옮김 | 392면

019 **이상한 나라의 앨리스** 루이스 캐럴 환상동화 | 머빈 피크 그림 | 최용준 옮김 | 336면

020 **베네치아에서의 죽음** 토마스 만 중단편집 | 홍성광 옮김 | 432면

021 **그리스인 조르바** 니코스 카잔차키스 장편소설 | 이윤기 옮김 | 488면

022 **벚꽃 동산** 안똔 체호프 희곡선집 | 오종우 옮김 | 336면

023 **연애 소설 읽는 노인** 루이스 세풀베다 장편소설 | 정창 옮김 | 192면

024 **젊은 사자들** 어윈 쇼 장편소설 | 정영문 옮김 | 전2권 | 각 416, 408면

026 **젊은 베르테르의 슬픔** 요한 볼프강 폰 괴테 장편소설 | 김인순 옮김 | 240면

027 **시라노** 에드몽 로스탕 희곡 | 이상해 옮김 | 256면

028 **전망 좋은 방** E. M. 포스터 장편소설 | 고정아 옮김 | 352면

029 **까라마조프 씨네 형제들** 표도르 도스토옙스키 장편소설 | 이대우 옮김 | 전3권 | 각 496, 496, 460면

032 **프랑스 중위의 여자** 존 파울즈 장편소설 | 김석희 옮김 | 전2권 | 각 344면

034 **소립자** 미셸 우엘벡 장편소설 | 이세욱 옮김 | 448면

035 **영혼의 자서전** 니코스 카잔차키스 자서전 | 안정효 옮김 | 전2권 | 각 352, 408면

037 **우리들** 예브게니 자먀찐 장편소설 | 석영중 옮김 | 320면

038 **뉴욕 3부작** 폴 오스터 장편소설 | 황보석 옮김 | 480면

039 **닥터 지바고** 보리스 파스테르나크 장편소설 | 홍대화 옮김 | 전2권 | 각 480, 592면

041 **고리오 영감** 오노레 드 발자크 장편소설 | 임희근 옮김 | 456면

042 **뿌리** 알렉스 헤일리 장편소설 | 안정효 옮김 | 전2권 | 각 400, 448면

044 **백년보다 긴 하루** 친기즈 아이뜨마또프 장편소설 | 황보석 옮김 | 560면

045 **최후의 세계** 크리스토프 란스마이어 장편소설 | 장희권 옮김 | 264면

046 **추운 나라에서 돌아온 스파이** 존 르카레 장편소설 | 김석희 옮김 | 368면

047 **산도칸 — 몸프라쳄의 호랑이** 에밀리오 살가리 장편소설 | 유향란 옮김 | 428면

048 **기적의 시대** 보리슬라프 페키치 장편소설 | 이윤기 옮김 | 560면

049 **그리고 죽음** 짐 크레이스 장편소설 | 김석희 옮김 | 224면

050 **세설** 다니자키 준이치로 장편소설 | 송태욱 옮김 | 전2권 | 각 480면

052 **세상이 끝날 때까지 아직 10억 년** 스뜨루가츠끼 형제 장편소설 | 석영중 옮김 | 224면

053 **동물 농장** 조지 오웰 장편소설 | 박경서 옮김 | 208면

054 **캉디드 혹은 낙관주의** 볼테르 장편소설 | 이봉지 옮김 | 232면

055 **도적 떼** 프리드리히 폰 실러 희곡 | 김인순 옮김 | 264면

056 **플로베르의 앵무새** 줄리언 반스 장편소설 | 신재실 옮김 | 320면

057 **악령** 표도르 도스토옙스키 장편소설 | 박혜경 옮김 | 전3권 | 각 328, 408, 528면

060 **의심스러운 싸움** 존 스타인벡 장편소설 | 윤희기 옮김 | 340면

061 **몽유병자들** 헤르만 브로흐 장편소설 | 김경연 옮김 | 전2권 | 각 568, 544면

063 **몰타의 매** 대실 해밋 장편소설 | 고정아 옮김 | 304면

064 **마야꼬프스끼 선집** 블라지미르 마야꼬프스끼 선집 | 석영중 옮김 | 384면

065 **드라큘라** 브램 스토커 장편소설 | 이세욱 옮김 | 전2권 | 각 340, 344면

067 **서부 전선 이상 없다** 에리히 마리아 레마르크 장편소설 | 홍성광 옮김 | 336면

068 **적과 흑** 스탕달 장편소설 | 임미경 옮김 | 전2권 | 각 432, 368면

070 **지상에서 영원으로** 제임스 존스 장편소설 | 이종인 옮김 | 전3권 | 각 396, 380, 496면

073 **파우스트** 요한 볼프강 폰 괴테 희곡 | 김인순 옮김 | 568면

074 **쾌걸 조로** 존스턴 매컬리 장편소설 | 김훈 옮김 | 316면

075 **거장과 마르가리따** 미하일 불가꼬프 장편소설 | 홍대화 옮김 | 전2권 | 각 364, 328면

077 **순수의 시대** 이디스 워튼 장편소설 | 고정아 옮김 | 448면

078 **검의 대가** 아르투로 페레스 레베르테 장편소설 | 김수진 옮김 | 384면

079 **예브게니 오네긴** 알렉산드르 뿌쉬낀 운문소설 | 석영중 옮김 | 328면

080 **장미의 이름** 움베르토 에코 장편소설 | 이윤기 옮김 | 전2권 | 각 440, 448면

082 **향수** 파트리크 쥐스킨트 장편소설 | 강명순 옮김 | 384면

083 **여자를 안다는 것** 아모스 오즈 장편소설 | 최창모 옮김 | 280면

084 **나는 고양이로소이다** 나쓰메 소세키 장편소설 | 김난주 옮김 | 544면

085 **웃는 남자** 빅토르 위고 장편소설 | 이형식 옮김 | 전2권 | 각 472, 496면

087 **아웃 오브 아프리카** 카렌 블릭센 장편소설 | 민승남 옮김 | 480면

088 **무엇을 할 것인가** 니꼴라이 체르니셰프스끼 장편소설 | 서정록 옮김 | 전2권 | 각 360, 404면

090 **도나 플로르와 그녀의 두 남편** 조르지 아마두 장편소설 | 오숙은 옮김 | 전2권 | 각 408, 308면

092 **미사고의 숲** 로버트 홀드스톡 장편소설 | 김상훈 옮김 | 424면

093 **신곡** 단테 알리기에리 장편서사시 | 김운찬 옮김 | 전3권 | 각 292, 296, 328면

096 **교수** 샬럿 브론테 장편소설 | 배미영 옮김 | 368면

097 **노름꾼** 표도르 도스토옙스키 장편소설 | 이재필 옮김 | 320면

098 **하워즈 엔드** E. M. 포스터 장편소설 | 고정아 옮김 | 512면

099 **최후의 유혹** 니코스 카잔차키스 장편소설 | 안정효 옮김 | 전2권 | 각 408면

101 **키리냐가** 마이크 레스닉 장편소설 | 최용준 옮김 | 464면

102 **바스커빌가의 개** 아서 코넌 도일 장편소설 | 조영학 옮김 | 264면

103 **버마 시절** 조지 오웰 장편소설 | 박경서 옮김 | 408면

104 **10 1/2장으로 쓴 세계 역사** 줄리언 반스 장편소설 | 신재실 옮김 | 464면

105 **죽음의 집의 기록** 표도르 도스토옙스키 장편소설 | 이덕형 옮김 | 528면

106 **소유** 앤토니어 수전 바이어트 장편소설 | 윤희기 옮김 | 전2권 | 각 440, 488면

108 **미성년** 표도르 도스토옙스키 장편소설 | 이상룡 옮김 | 전2권 | 각 512, 544면

110 **성 앙투안느의 유혹** 귀스타브 플로베르 희곡소설 | 김용은 옮김 | 584면

111 **밤으로의 긴 여로** 유진 오닐 희곡 | 강유나 옮김 | 240면

112 **마법사** 존 파울즈 장편소설 | 정영문 옮김 | 전2권 | 각 512, 552면

114 **스쩨빤치꼬보 마을 사람들** 표도르 도스토옙스키 장편소설 | 변현태 옮김 | 416면

115 **플랑드르 거장의 그림** 아르투로 페레스 레베르테 장편소설 | 정창 옮김 | 512면

116 **분신** 표도르 도스토옙스키 장편소설 | 석영중 옮김 | 288면

117 **가난한 사람들** 표도르 도스토옙스키 장편소설 | 석영중 옮김 | 256면

118 **인형의 집** 헨리크 입센 희곡 | 김창화 옮김 | 272면

119 **영원한 남편** 표도르 도스토옙스키 장편소설 | 정명자 외 옮김 | 448면

120 **알코올** 기욤 아폴리네르 시집 | 황현산 옮김 | 352면

121 **지하로부터의 수기** 표도르 도스토옙스키 장편소설 | 계동준 옮김 | 256면

122 **어느 작가의 오후** 페터 한트케 중편소설 | 홍성광 옮김 | 160면

123 **아저씨의 꿈** 표도르 도스토옙스키 장편소설 | 박종소 옮김 | 312면

124 **네또츠까 네즈바노바** 표도르 도스토옙스키 장편소설 | 박재만 옮김 | 316면

125 **곤두박질** 마이클 프레인 장편소설 | 최용준 옮김 | 528면

126 **백야 외** 표도르 도스토옙스키 소설선집 | 석영중 외 옮김 | 408면

127 **살라미나의 병사들** 하비에르 세르카스 장편소설 | 김창민 옮김 | 304면

128 **뻬쩨르부르그 연대기 외** 표도르 도스토옙스키 소설선집 | 이항재 옮김 | 296면

129 **상처받은 사람들** 표도르 도스토옙스키 장편소설 | 윤우섭 옮김 | 전2권 | 각 296, 392면

131 **악어 외** 표도르 도스토옙스키 소설선집 | 박혜경 외 옮김 | 312면

132 **허클베리 핀의 모험** 마크 트웨인 장편소설 | 윤교찬 옮김 | 416면

133 **부활** 레프 똘스또이 장편소설 | 이대우 옮김 | 전2권 | 각 308, 416면

135 **보물섬** 로버트 루이스 스티븐슨 장편소설 | 머빈 피크 그림 | 최용준 옮김 | 360면

136 **천일야화** 앙투안 갈랑 엮음 | 임호경 옮김 | 전6권 | 각 336, 328, 372, 392, 344, 320면

142 **아버지와 아들** 이반 뚜르게네프 장편소설 | 이상원 옮김 | 328면

143 **오만과 편견** 제인 오스틴 장편소설 | 원유경 옮김 | 480면

144 **천로 역정** 존 버니언 우화소설 | 이동일 옮김 | 432면

145 **대주교에게 죽음이 오다** 윌라 캐더 장편소설 | 윤명옥 옮김 | 352면

146 **권력과 영광** 그레이엄 그린 장편소설 | 김연수 옮김 | 384면

147 **80일간의 세계 일주** 쥘 베른 장편소설 | 고정아 옮김 | 352면

148 **바람과 함께 사라지다** 마거릿 미첼 장편소설 | 안정효 옮김 | 전3권 | 각 616, 640, 640면

151 **기탄잘리** 라빈드라나트 타고르 시집 | 장경렬 옮김 | 224면

152 **도리언 그레이의 초상** 오스카 와일드 장편소설 | 윤희기 옮김 | 384면

153 **레우코와의 대화** 체사레 파베세 희곡소설 | 김운찬 옮김 | 280면

154 **햄릿** 윌리엄 셰익스피어 희곡 | 박우수 옮김 | 256면

155 **맥베스** 윌리엄 셰익스피어 희곡 | 권오숙 옮김 | 176면

156 **아들과 연인** 데이비드 허버트 로런스 장편소설 | 최희섭 옮김 | 전2권 | 각 464, 432면

158 **그리고 아무 말도 하지 않았다** 하인리히 뵐 장편소설 | 홍성광 옮김 | 272면

159 **미덕의 불운** 싸드 장편소설 | 이형식 옮김 | 248면

160 **프랑켄슈타인** 메리 W. 셸리 장편소설 | 오숙은 옮김 | 320면

161 **위대한 개츠비** 프랜시스 스콧 피츠제럴드 장편소설 | 한애경 옮김 | 280면

162 **아Q정전** 루쉰 중단편집 | 김태성 옮김 | 320면

163 **로빈슨 크루소** 대니얼 디포 장편소설 | 류경희 옮김 | 456면

164 **타임머신** 허버트 조지 웰스 소설선집 | 김석희 옮김 | 304면

165 **제인 에어** 샬럿 브론테 장편소설 | 이미선 옮김 | 전2권 | 각 392, 384면

167 **풀잎** 월트 휘트먼 시집 | 허현숙 옮김 | 280면

168 **표류자들의 집** 기예르모 로살레스 장편소설 | 최유정 옮김 | 216면

169 **배빗** 싱클레어 루이스 장편소설 | 이종인 옮김 | 520면

170 **이토록 긴 편지** 마리아마 바 장편소설 | 백선희 옮김 | 192면

171 **느릅나무 아래 욕망** 유진 오닐 희곡 | 손동호 옮김 | 168면

172 **이방인** 알베르 카뮈 장편소설 | 김예령 옮김 | 208면

173 **미라마르** 나기브 마푸즈 장편소설 | 허진 옮김 | 288면

174 **지킬 박사와 하이드 씨** 로버트 루이스 스티븐슨 소설선집 | 조영학 옮김 | 320면

175 **루진** 이반 뚜르게네프 장편소설 | 이항재 옮김 | 264면

176 **피그말리온** 조지 버나드 쇼 희곡 | 김소임 옮김 | 256면

177 **목로주점** 에밀 졸라 장편소설 | 유기환 옮김 | 전2권 | 각 336면

179 **엠마** 제인 오스틴 장편소설 | 이미애 옮김 | 전2권 | 각 336, 360면

181 **비숍 살인 사건** S. S. 밴 다인 장편소설 | 최인자 옮김 | 464면

182 **우신예찬** 에라스무스 풍자문 | 김남우 옮김 | 296면

183 **하자르 사전** 밀로라드 파비치 장편소설 | 신현철 옮김 | 488면

184 **테스** 토머스 하디 장편소설 | 김문숙 옮김 | 전2권 | 각 392, 336면

186 **투명 인간** 허버트 조지 웰스 장편소설 | 김석희 옮김 | 288면

187 **93년** 빅토르 위고 장편소설 | 이형식 옮김 | 전2권 | 각 288, 360면

189 **젊은 예술가의 초상** 제임스 조이스 장편소설 | 성은애 옮김 | 384면

190 **소네트집** 윌리엄 셰익스피어 연작시집 | 박우수 옮김 | 200면

191 **메뚜기의 날** 너새니얼 웨스트 장편소설 | 김진준 옮김 | 280면

192 **나사의 회전** 헨리 제임스 중편소설 | 이승은 옮김 | 256면

193 **오셀로** 윌리엄 셰익스피어 희곡 | 권오숙 옮김 | 216면

194 **소송** 프란츠 카프카 장편소설 | 김재혁 옮김 | 376면

195 **나의 안토니아** 윌라 캐더 장편소설 | 전경자 옮김 | 368면

196 **자성록** 마르쿠스 아우렐리우스 명상록 | 박민수 옮김 | 240면

197 **오레스테이아** 아이스킬로스 비극 | 두행숙 옮김 | 336면

198 **노인과 바다** 어니스트 헤밍웨이 소설선집 | 이종인 옮김 | 320면

199 **무기여 잘 있거라** 어니스트 헤밍웨이 장편소설 | 이종인 옮김 | 464면

200 **서푼짜리 오페라** 베르톨트 브레히트 희곡선집 | 이은희 옮김 | 320면

201 **리어 왕** 윌리엄 셰익스피어 희곡 | 박우수 옮김 | 224면

202 **주홍 글자** 너새니얼 호손 장편소설 | 곽영미 옮김 | 360면

203 **모히칸족의 최후** 제임스 페니모어 쿠퍼 장편소설 | 이나경 옮김 | 512면

204 **곤충 극장** 카렐 차페크 희곡선집 | 김선형 옮김 | 360면

205 **누구를 위하여 좋은 울리나** 어니스트 헤밍웨이 장편소설 | 이종인 옮김 | 전2권 | 각 416, 400면

207 **타르튀프** 몰리에르 희곡선집 | 신은영 옮김 | 416면

208 **유토피아** 토머스 모어 소설 | 전경자 옮김 | 288면

209 **인간과 초인** 조지 버나드 쇼 희곡 | 이후지 옮김 | 320면

210 **페드르와 이폴리트** 장 라신 희곡 | 신정아 옮김 | 200면

211 **말테의 수기** 라이너 마리아 릴케 장편소설 | 안문영 옮김 | 320면

212 **등대로** 버지니아 울프 장편소설 | 최애리 옮김 | 328면

213 **개의 심장** 미하일 불가꼬프 중편소설집 | 정연호 옮김 | 352면

214 **모비 딕** 허먼 멜빌 장편소설 | 강수정 옮김 | 전2권 | 각 464, 488면

216 **더블린 사람들** 제임스 조이스 단편소설집 | 이강훈 옮김 | 336면

217 **마의 산** 토마스 만 장편소설 | 윤순식 옮김 | 전3권 | 각 496, 488, 512면

220 **비극의 탄생** 프리드리히 니체 | 김남우 옮김 | 320면

221 **위대한 유산** 찰스 디킨스 장편소설 | 류경희 옮김 | 전2권 | 각 432, 448면

223 **사람은 무엇으로 사는가** 레프 똘스또이 소설선집 | 윤새라 옮김 | 464면

224 **자살 클럽** 로버트 루이스 스티븐슨 소설선집 | 임종기 옮김 | 272면

225 **채털리 부인의 연인** 데이비드 허버트 로런스 장편소설 | 이미선 옮김 | 전2권 | 각 336, 328면

227 **데미안** 헤르만 헤세 장편소설 | 김인순 옮김 | 264면

228 **두이노의 비가** 라이너 마리아 릴케 시선집 | 손재준 옮김 | 504면

229 **페스트** 알베르 카뮈 장편소설 | 최윤주 옮김 | 432면

230 **여인의 초상** 헨리 제임스 장편소설 | 정상준 옮김 | 전2권 | 각 520, 544면

232 **성** 프란츠 카프카 장편소설 | 이재황 옮김 | 560면

233 **차라투스트라는 이렇게 말했다** 프리드리히 니체 산문시 | 김인순 옮김 | 464면

234 **노래의 책** 하인리히 하이네 시집 | 이재영 옮김 | 384면

235 **변신 이야기** 오비디우스 서사시 | 이종인 옮김 | 632면

236 **안나 카레니나** 레프 톨스토이 장편소설 | 이명현 옮김 | 전2권 | 각 800, 736면

238 **이반 일리치의 죽음·광인의 수기** 레프 톨스토이 중단편집 | 석영중·정지원 옮김 | 232면

239 **수레바퀴 아래서** 헤르만 헤세 장편소설 | 강명순 옮김 | 272면

240 **피터 팬** J. M. 배리 장편소설 | 최용준 옮김 | 272면

241 **정글 북** 러디어드 키플링 중단편집 | 오숙은 옮김 | 272면

242 **한여름 밤의 꿈** 윌리엄 셰익스피어 희곡 | 박우수 옮김 | 160면

243 **좁은 문** 앙드레 지드 장편소설 | 김화영 옮김 | 264면

244 **모리스** E. M. 포스터 장편소설 | 고정아 옮김 | 408면

245 **브라운 신부의 순진** 길버트 키스 체스터턴 단편집 | 이상원 옮김 | 336면

246 **각성** 케이트 쇼팽 장편소설 | 한애경 옮김 | 272면

247 **뷔히너 전집** 게오르크 뷔히너 지음 | 박종대 옮김 | 400면

248 **디미트리오스의 가면** 에릭 앰블러 장편소설 | 최용준 옮김 | 424면

249 **베르가모의 페스트 외** 옌스 페테르 야콥센 중단편 전집 | 박종대 옮김 | 208면

250 **폭풍우** 윌리엄 셰익스피어 희곡 | 박우수 옮김 | 176면

251 **어센든, 영국 정보부 요원** 서머싯 몸 연작 소설집 | 이민아 옮김 | 416면

252 **기나긴 이별** 레이먼드 챈들러 장편소설 | 김진준 옮김 | 600면

253 **인도로 가는 길** E. M. 포스터 장편소설 | 민승남 옮김 | 552면

254 **올랜도** 버지니아 울프 장편소설 | 이미애 옮김 | 376면

255 **시지프 신화** 알베르 카뮈 지음 | 박언주 옮김 | 264면

256 **조지 오웰 산문선** 조지 오웰 지음 | 허진 옮김 | 424면

257 **로미오와 줄리엣** 윌리엄 셰익스피어 희곡 | 도해자 옮김 | 200면

258 **수용소군도** 알렉산드르 솔제니찐 기록문학 | 김학수 옮김 | 전6권 | 각 460면 내외

264 **스웨덴 기사** 레오 페루츠 장편소설 | 강명순 옮김 | 336면

265 **유리 열쇠** 대실 해밋 장편소설 | 홍성영 옮김 | 328면

266 **로드 짐** 조지프 콘래드 장편소설 | 최용준 옮김 | 608면

267 **푸코의 진자** 움베르토 에코 장편소설 | 이윤기 옮김 | 전3권 | 각 392, 384, 416면

270 **공포로의 여행** 에릭 앰블러 장편소설 | 최용준 옮김 | 376면

271 **심판의 날의 거장** 레오 페루츠 장편소설 | 신동화 옮김 | 264면

272 **에드거 앨런 포 단편선** 에드거 앨런 포 지음 | 김석희 옮김 | 392면

273 **수전노 외** 몰리에르 희곡선집 | 신정아 옮김 | 424면

274 **모파상 단편선** 기 드 모파상 지음 | 임미경 옮김 | 400면
275 **평범한 인생** 카렐 차페크 장편소설 | 송순섭 옮김 | 280면
276 **마음** 나쓰메 소세키 장편소설 | 양윤옥 옮김 | 344면
277 **인간 실격·사양** 다자이 오사무 소설집 | 김난주 옮김 | 336면
278 **작은 아씨들** 루이자 메이 올컷 장편소설 | 허진 옮김 | 전2권 | 각 408, 464면
280 **고함과 분노** 윌리엄 포크너 장편소설 | 윤교찬 옮김 | 520면
281 **신화의 시대** 토머스 불핀치 신화집 | 박중서 옮김 | 664면
282 **셜록 홈스의 모험** 아서 코넌 도일 단편집 | 오숙은 옮김 | 456면
283 **자기만의 방** 버지니아 울프 지음 | 공경희 옮김 | 216면
284 **지상의 양식·새 양식** 앙드레 지드 지음 | 최애영 옮김 | 360면
285 **전염병 일지** 대니얼 디포 지음 | 서정은 옮김 | 368면
286 **오이디푸스왕 외** 소포클레스 비극 | 장시은 옮김 | 368면
287 **리처드 2세** 윌리엄 셰익스피어 희곡 | 박우수 옮김 | 208면
288 **아내·세 자매** 안톤 체호프 선집 | 오종우 옮김 | 240면